決算書でよむ企業と業界力

國貞克則
Katsunori Kunisada

ベスト新書
270

はじめに

本書は各企業の財務データをベースにして業界内の主要な企業の財務的な特徴とそれぞれの企業の業界内での位置づけを明確にしようとしたものです。さらに、業界に横串を入れて比較することにより業界ごとの財務的な特徴が理解できるようにしています。

世の中には「業界地図」といった名前で各業界の主要企業の位置づけを解説した本がいくつも出版されていますが、それらの本の解説は各企業の売上規模、シェア、提携関係などに焦点が置かれています。本書は基本財務3表と呼ばれる、PL（損益計算書）、BS（貸借対照表）、CS（キャッシュフロー計算書）のデータをベースに業界内の主要企業の特徴を説明しました。

ただ、財務データをベースにしているといっても、難しい会計の専門用語が出てくるわけではありません。会計の初心者でも、財務データをベースにした業界の構図が理解できるように工夫しています。2009年5月に出版した拙著『財務3表一体分析法「経営」がわかる決算書の読み方』（朝日新書）は、「会計の初心者でも財務分析ができ

る」と好評をいただき9万部を超えるベストセラーになりました。本書では、『財務3表一体分析法』でご紹介した「PLとBSを図解して分析する方法」を駆使しています。この図解分析の方法により業界内の各企業の財務的な状態が直感的に理解できるようになっています。

私たちはデジタルよりアナログの方がはるかに多くの情報を直感的に把握できます。デジタルの時計は一つひとつの数字を読まないといま何時何分であるかわかりませんが、長針と短針があるアナログの時計は見た瞬間にいまが何時何分であるか直感的に把握できます。また、数字が羅列された表から数字の傾向を読み解くのはなかなか難しいですが、それをグラフにすれば傾向は一目瞭然となります。

本書はこのアナログの特性を活かし、PLとBSを図にすることにより会計の初心者であっても直感的に会社の実態が把握できるようにしています。また、売上高や利益の推移についてもできるかぎりグラフ化しました。

さらに、本書は投資家の視点で各企業の株価情報と財務データを関連づけて分析できるようにしています。具体的には、投資家の出資金に対する利益率であるROE（自己資本利益率）や、保有する株式の値上がりによる利益（キャピタルゲイン）を検討する

ための指標となるPBR（株価純資産倍率）を、PLやBSの図解分析図の中に書き入れ、ROEやPBRと財務データの関連が直感的に把握できるようにしました。

最初からROEやPBRという聞き慣れない言葉を持ち出しましたが、考え方自体は極めて簡単ですので安心して読み進めてください。本書を読むことにより株式投資に関する基本的な知識をも習得していただけると思います。

本書を読み終える頃には、決算書をベースにした企業の経営実態と業界の構図や業界ごとの特徴、さらには株価と財務データの関連が、皆さんの頭の中に明確なイメージとなって浮かび上がってくることでしょう。楽しみにしていてください。

目次

はじめに ……… 3

第1章 決算書は簡単に読み解ける ……… 11

基本財務3表とは何か ……… 12
財務諸表は企業の3つの活動を表しているだけ ……… 21
4つの数字だけで事業の効率が見えてくる ……… 24
キャッシュフローのパターンから会社の様子が見えてくる ……… 27
会計の初心者のための財務分析のポイント ……… 29
図解分析法の提案 ……… 31
財務分析の手順の説明 ……… 34

期間比較と同業他社比較の重要性 …… 40

> コラム　財務分析指標の計算式について …… 49

第2章 財務諸表と株式指標の関係を知る …… 53

配当とは何か …… 54

配当性向とは何か …… 57

ROE（自己資本利益率）が大切なわけ …… 60

PBR（株価純資産倍率）は市場の評価を表している …… 63

PER（株価収益率）は市場の見通しを表している …… 66

財務諸表と株式指標の図解によるまとめ …… 69

> コラム　自己資本と純資産合計について …… 73

第3章 図解分析で企業と業界力が見えてくる

① **放送** 利益漸減のテレビ業界 …… 79
フジテレビ／TBS／日本テレビ／テレビ朝日

② **医薬品** がっちり利益を貯めこむ医薬品業界 …… 89
武田薬品工業／アステラス製薬／第一三共／エーザイ

③ **海運 航空運輸** 海運と空運の差は歴然 …… 99
日本郵船／商船三井／JAL／ANA

④ **スーパー 百貨店** 笑うスーパー2強と苦しむ百貨店 …… 113
セブン&アイ／イオン／三越伊勢丹／高島屋

⑤ **畜産加工食品 調味料** 1社突出の食品業界 …… 121
日本ハム／伊藤ハム／プリマハム／丸大食品
味の素／キユーピー／キッコーマン／ハウス食品

⑥ **コンピューター・電機　民生用電気機器** 業績や方向性に差があるデンキ業界 ………133

日立製作所／東芝／富士通
パナソニック／ソニー／シャープ／NEC

⑦ **鉄鋼　化学** 重厚なる日本の装置産業① ………147

新日本製鐵／JFE／神戸製鋼所／住友金属
三菱ケミカル／住友化学／旭化成／三井化学

⑧ **製紙　繊維** 重厚なる日本の装置産業② ………159

王子製紙／日本製紙／レンゴー／三菱製紙
東レ／帝人／三菱レイヨン／ユニチカ

⑨ **不動産** 総資本回転率の小さい不動産業界 ………175

三井不動産／三菱地所／住友不動産／東急不動産

⑩ **総合建設** 4社横並びのゼネコン業界 ………183

鹿島建設／清水建設／大林組／大成建設

コラム　使用したデータに関する注意事項 ………193

第4章 業界に横串を入れて比較する ……… 197

業界トップの企業を比較する ……… 198

業界ごとの平均的なPLとBSのパターン ……… 205

業界トップと業界4位の違いとは? ……… 225

視野を他業界へ、そして世界へと拡げる ……… 232

おわりに ……… 244

参照図書 ……… 247

校閲◎菅原秀宣(ゼロメガ)

本書に使用した図表の著作権は著者に帰属しますので、無断使用を禁止します。

第1章
決算書は簡単に読み解ける

基本財務3表とは何か

 本書では財務データをベースにして業界内の各企業の位置づけを分析していくわけですが、そのためにはまず財務諸表の基本的な読み方を理解しておいていただく必要があります。難しい話ではありません。財務諸表には何が書かれていて、それをどう読み解いていけばいいかという話だけです。私は元々エンジニアであり会計の専門家ではありません。いままで仕訳の勉強をしたこともありません。そんな会計の素人であってもポイントさえ掴めば財務諸表を読み解くことは難しいことではありません。
 なお、〈はじめに〉にも書きましたが、拙著『財務3表一体分析法──「経営」がわかる決算書の読み方』(朝日新書)を既にお読みの方は、第1章を飛ばして第2章から読んでいただいて結構ですが復習するつもりで読んで下さい。
 まずは財務諸表の基本となるPL(損益計算書)、BS(貸借対照表)、CS(キャッシュフロー計算書)という3つの表について説明しましょう。これらの3つの表を基本財務3表と呼んだりします。
 まずPLです(図1)。PLは英語でProfit & Loss Statementと言います。Profitは「利

図1　PLとは何か

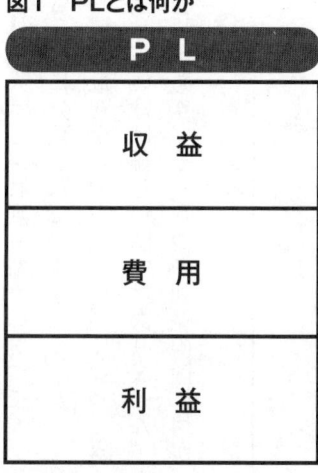

益」、Lossは「損失」、Statementは「計算書」という意味ですから日本語に訳せば「損益計算書」になります。会社の1事業年度（通常1年間）の利益と損失を計算する表です。PLの「利益」は、売上などの「収益」から「費用」を差し引いて計算します。PLの基本は次の簡単な式で表せます。

「収益」−「費用」＝「利益」

ただ、私たち会計の素人が混乱するのが「収益」という言葉です。収益とは売上高のことでしょうか。YESでもありNOでもあります。売上高は、もちろん会社の収益です。しかし、収益は売上高だけではありません。会社の預貯金からの受取利息も収益です。日本の会計基準では「収益」は3つに分類されています。「売上高」と「営

業外収入」と「特別利益」の3つです。実は「費用」は5つに分類されていて、「利益」も5つに分類されています。

何か最初からややこしい話になってきたなとお思いかもしれませんが、順を追って勉強していけば難しい話ではありません。とりあえず、会計の初心者は「PLには5つの利益があり、その5つの利益の間に何があるか」だけを覚えておけば充分です。上の図2に網掛けをしている5つの利益です。

では図を見ながら説明していきましょう。売上高から売上原価を引いた①番目の利益が会計的には「売上総利益」といわれる利益です。一般的には「粗利（あらり）」と呼ばれています。

売上総利益（粗利）の下にあるのが「販売費及び一般管理費」です。

図2　PLの基本構造

売上高
売上原価
　①売上総利益（粗利）
販売費及び一般管理費
　②営業利益
営業外利益
営業外費用
　③経常利益
特別利益
特別損失
　④税引前当期純利益
法人税等
　⑤当期純利益

14

第1章 決算書は簡単に読み解ける

営業マンの人件費、交通費、通信費などです。総務や経理など本社部門の人件費や通信費などもこれに含まれます。

売上総利益（粗利）からこの「販売費及び一般管理費」を引いたものが、②番目の利益である「営業利益」です。読んで字のごとく、この会社の営業活動によって獲得した利益です。

営業利益の下にあるのは営業外の収益や費用です。日頃PLを見ていない人はこの辺から混乱してくるのですが、営業利益の下にくるのは当然、営業外のものです。営業外利益というのは本業以外でわずかばかり入ってくる収益などです。おカネの貸し借りに伴う利息はすべてこの営業外の項目に入ります。

営業利益から営業外の収益や費用を差し引いたものが、③番目の利益である「経常利益」です。読んで字のごとく、会社が本業及びその他の事業活動により経常的に稼ぎ出す利益が経常利益です。一般的には「ケイツネ」と呼ばれて新聞などでもよく引き合いに出されるものです。

経常利益の下にあるのは何でしょう。もちろん経常外のものですね。経常的なものではなく、特別にその期だけに発生する特別利益や特別損失です。その期だけに特別に発

図3 BSとは何か

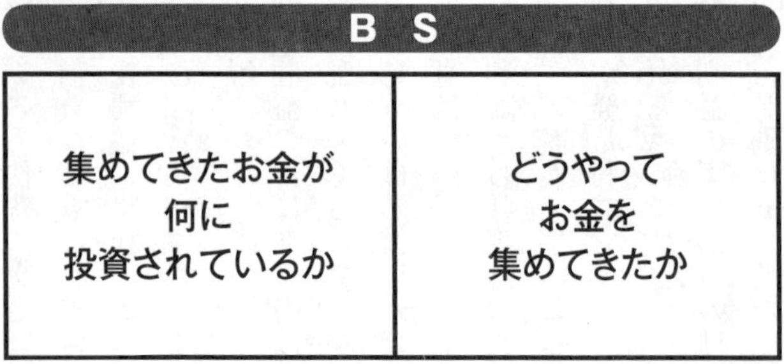

BS	
集めてきたお金が何に投資されているか	どうやってお金を集めてきたか

生した土地の売却益や株券の売却損などです。

経常利益からこの経常外の特別利益・特別損失を足し引きしたものが④番目の利益である「税引前当期純利益」です。そして、この税引前当期純利益から法人税等を差し引いたものが⑤番目の利益である「当期純利益」です。

本書の主に第3章に出てくるPLとBSの図の中には、「粗利」と「営業利益」と「当期純利益」を記載しています。一方で5年間の利益の変化を見るグラフでは「経常利益」と「当期純利益」の推移を図にしています。

次はBSです（図3）。BSは英語でBalance Sheetと言います。日本語では「貸借対照表」と言います。BSは右側と左側の2つに分かれています。BSの右側にはその企業がいままでに「どうやってお金を集めてきたか」が表されていて、左側には「その集めてきたお金が何に投資されているか」、言葉を換えれば「その集めて

図4 BSは正味財産を計算する表

BS	
資　産	借　金
現金 貯金 家 自動車	住宅ローン 自動車ローン
	正味財産

きたお金がいまどのような形で会社の中に存在しているか」が表されています。

もう一つ、BSの本来的な意味を説明しておきましょう。BSはそもそも組織や個人の正味財産を計算する表です。例えば、いま私個人の正味財産がいくらあるか計算しようと思えば、図4の左側に示すように、まずはいま私が持っている資産を積み上げていきます。いま持っている現金はいくら、貯金はいくら、家の価値はいくら、自動車の価値はいくら、というように。

これらの資産をすべて私がそもそも持っていたお金で調達したのであればこれらの資産は全て私の財産といって問題ないでしょうが、もし借金をしてこれらの資産を調達していたのであればこれら全てが私の財産とは言いにくいですよね。私の正味財産は、このように左側に私が持っている資産を積み上げて、それから私の借金を差

図5　会社のBSの概念図

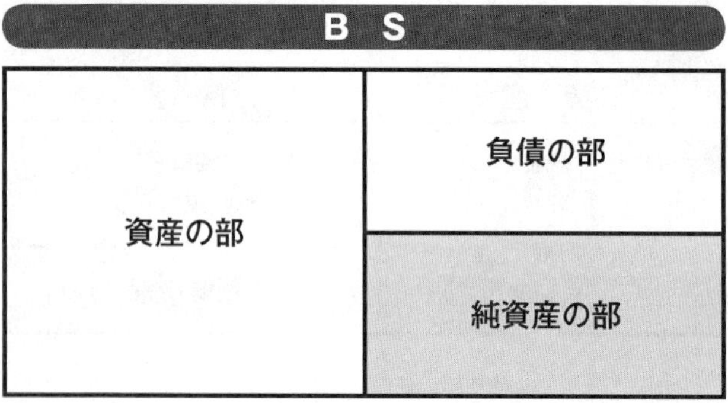

BS	
資産の部	負債の部
	純資産の部

し引いた額になります。

会社のBSもこれとまったく同じです。図5のように、左側に会社が持っている資産を積み上げて、それから会社の借金である負債を差し引いて、その残りが会社の正味財産、これを純資産と言うのです。

会社の財産を表すBSをもう少し細かく説明すると、資産の部が流動資産と固定資産に分かれています（図6）。1年以内に現金化される予定の資産が流動資産で、1年を超えて現金化される予定のない資産が固定資産。つまり、BSは上から流動化しやすい、つまり現金化しやすい順に並んでいます。

負債の部も同じように、1年以内に返済しなければならない流動負債と1年を超えて返済すればよい固定負債に分かれています。そして、その下の純資産の部に資本金があります。

図6 会社のBS

資産の部	負債の部
流動資産 固定資産	流動負債 固定負債
	純資産の部
	資本金 利益剰余金

資本金は株式を発行して株主に注入してもらったお金です。株式は売り手から買い手に売買されているんな株主のところを飛び歩きますが、資本金自体は一度入れてもらったら基本的に返す必要はありません。つまり、BSの右側も上から順に流動化しやすい順にならんでいます。

初心者向けの会計の本には、会社がお金を集めてくる方法は、他人から借りる「負債」と資本家から入れてもらう「資本金」の2つの方法があると書いてありますが、会計の素人はそれをそのまま鵜呑みにするからどこまでいっても会計がわからないのです。

会社がお金を集めてくる方法は、他人から借りる方法と資本家から資本金として入れてもらう方法と、もう一つ、会社自身が自分で稼ぎ出す方法がありま

図7 CSとは何か

CS
営 業
投 資
財 務

す。この会社が稼ぎ出したお金が純資産の部に利益剰余金として貯まっていきます。

最後はCSです（上図）。CSは英語でCash Flow Statement——直訳すれば「現金流れ計算書」です。私たちがよく知っている言葉でいえば、CSは収支計算書です。つまり現金の出入りをあらわす表です。

もっと言えばCSは会社の家計簿です。

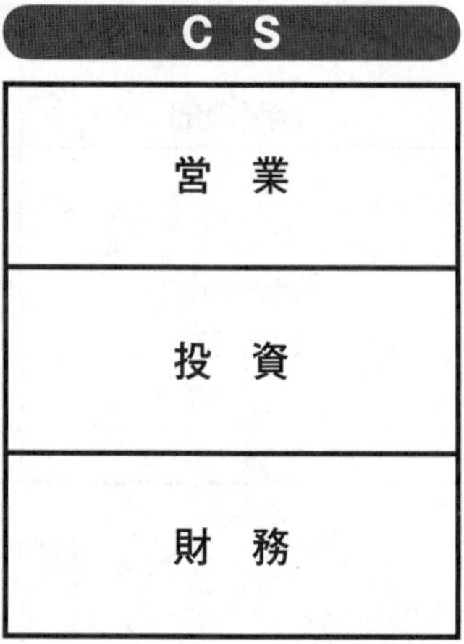

ただ、会社の家計簿であるCSは一般の収支計算書と少し形が異なります。収支計算書は「収入」「支出」「残高」の3つに分かれていますが、CSは「営業活動によるキャッシュフロー」「投資活動によるキャッシュフロー」「財務活動によるキャッシュフロー」の3つに分かれています。なぜこのように分かれているかという理由は後ほど説明します。

CSは「営業」「投資」「財務」の欄の3つに別れた「現金流れ計算書」、つまり収支計算書であると理解しておいてください。

財務諸表は企業の3つの活動を表しているだけ

では、この基本財務3表PL、BS、CSは会社の何を表しているのでしょうか。実はPL、BS、CSに書かれていることは極めて単純なことです。PL、BS、CSには企業の基本的な活動である［お金を集める］→［投資する］→［利益をあげる］という3つの活動が書かれているだけなのです。全ての企業は［お金を集める］→［投資する］→［利益をあげる］という3つの活動を行っています。

事業を始めるにはまずお金が要ります。そのお金を資本金か借入金という形で集めてきます。その集めてきたお金を製造業であれば工場建設に投資します。そしてその工場で作った製品を販売して利益をあげるわけです。私のようなサービス業にはあまりお金は必要ありませんが、私の会社にも事務所はあります。集めてきたお金を事務所に投資して、その投資したものを活用して利益をあげています。つまり、全ての企業に共通する活動が［お金を集める］→［投資する］→［利益をあげる］という3つの活動なのです。PL、BS、CSにはこの3つの活動が表されています。図8を見ながら説明しましょ

図8 すべての企業に共通する3つの活動

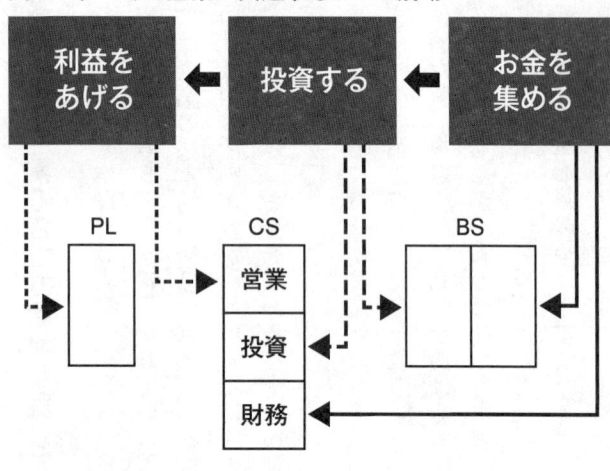

う。BSのところで説明したように、その企業が「どうやってお金を集めてきたか」ということがBSの右側に表されていて、その集めてきたお金が「何に投資されているか」ということがBSの左側に表されています。そして、PLに「どのように利益をあげているか」ということが表されています。

図の真ん中にあるCSは「営業活動によるキャッシュフロー」「財務活動によるキャッシュフロー」「投資活動によるキャッシュフロー」の3つに分かれていると言いました。どうして「営業」「投資」「財務」の3つの欄に分かれているかというと、会社の基本活動である**[お金を集める]→[投**

資する]→[利益をあげる]という3つの活動を表すためなのです。

どうやってお金を集めてきたかが「財務活動によるキャッシュフロー」、何に投資したかが「投資活動によるキャッシュフロー」、どうやって利益をあげているかが「営業活動によるキャッシュフロー」の欄に、それぞれ現金の動きという観点から表されています。

多くのビジネスパーソンは「売上」と「利益」に責任を持って仕事をしています。ですから、ビジネスで大切なのは「売上」と「利益」だと思っている人が少なくありません。しかし、事業全体のことを考えれば大切なのは「投資」と「リターン」です。

いまここに年間5億円の利益をあげている会社があったとします。この会社はスゴイ会社でしょうか。実は5億円という利益の多寡だけではその会社がスゴイのかスゴクないのかはわかりません。例えば、私の会社のような零細企業が年間5億円の利益をあげているならスゴイことかもしれませんが、ソニーが年間5億円の利益しかあげないのは全く充分ではありません。

事業全体のプロセスからいえば、どれだけ利益をあげたかということだけでなく、どれだけの投資に対してどれくらいの利益をあげたかということが重要であり、その投資

のためにどのようにしてお金を集めてきたかということが大切になってくるのです。つまり、この事業全体のプロセスである[お金を集める]→[投資する]→[利益をあげる]という3つの活動を表すためにPLとBSとCSがあるのです。

4つの数字だけで事業の効率が見えてくる

では、この[お金を集める]→[投資する]→[利益をあげる]という3つの活動をどのような視点で分析していけばよいのでしょうか。この3つの事業活動をもう少し分解してみましょう。図9を見てください。事業を行うにはまずお金が必要です。そのお金を資本金などの自己資本か借入金なので他人資本によって集めてきます。まだ事業をスタートする前ですから自分の会社が稼ぎ出してくる利益剰余金は図に入っていません。

自己資本か他人資本によって集めてきたお金を何かに投資して、その投資したものを活用して売上高を作り、その売上高を利益に変えていくわけです。

これは何も新しい図ではなく、「お金を集める」ところを「自己資本」と「他人資本」という3つの活動を縦に並べて、「お金を集める」ところを「自己資本」と「他人資本」に分け、「資産（投資する）」と「利益」の間に「売上高」を加えただけの図です。これ

が事業全体のプロセスです。

この図9に示した事業のプロセスに従って事業経営の効率性を分析していきましょう。これからは「会社は株主のもの」という資本主義の論理にしたがって説明をしていきます。「会社は株主のもの」という視点に立って事業経営の効率性を考えれば、一番大切な財務分析指標はROEです。ROEとはReturn on Equityの略で、日本では「自己資本利益率」と呼ばれています。計算式は、当期純利益÷自己資本です（この時点では、自己資本とはBSの純資産の部の合計だと思っておいてください。純資産の部と自己資本の違いについては73ページのコラム「自己資本と純資産合計について」で詳しく説明します）。

なぜ、株主にとってROEが一番大切かといえば、株主にとっては自分が投資した

図9 事業のプロセス

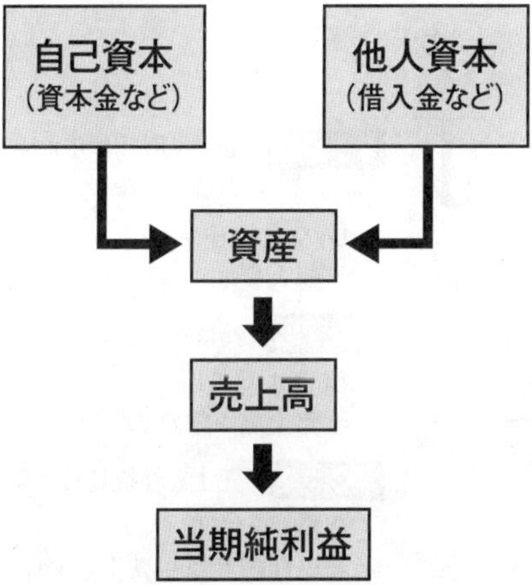

```
┌─────────────┐   ┌─────────────┐
│  自己資本    │   │  他人資本    │
│ (資本金など) │   │ (借入金など) │
└──────┬──────┘   └──────┬──────┘
       │                 │
       └────────┬────────┘
                ▼
           ┌────────┐
           │  資産  │
           └────┬───┘
                ▼
           ┌────────┐
           │ 売上高 │
           └────┬───┘
                ▼
           ┌──────────┐
           │ 当期純利益│
           └──────────┘
```

図10　会社にとって大切な4つの数字

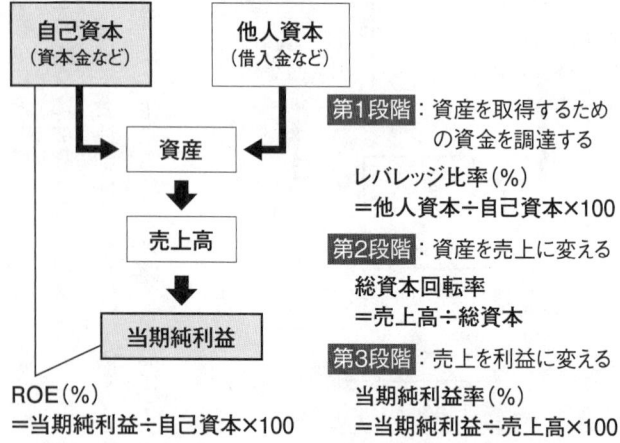

『財務マネジメントの基本と原則』デビッド・メッキン著（東洋経済新報社）から一部修正して転載

お金である自己資本を使って会社がどれだけの利益を生み出してくれたかが一番気になるからです。この点については54ページの配当のところでさらに詳しく説明します。

では、次にこのROEを事業全体のプロセスに分解して説明していきましょう。

上図の第1段階の「資産を取得するための資金を調達する」フェーズでは「レバレッジ比率」という分析指標があります。これは他人資本（負債）と自己資本の比率です。このレバレッジ比率の意味については後ほど49ページからのコラムで詳しく説明します。

第2段階の「資産を売上に変える」

フェーズでの分析指標は総資本回転率（＝売上高÷総資本）です。BSの右側の合計額を総資本といい、左側の合計額を総資産というので総資本と総資産の額は同じです。ですから、総資本回転率は、投下した総資本、言葉を替えれば総資産をどれだけ効率よく使って売上高に変えているかがわかる指標です。

第3段階の「売上を利益に変える」フェーズの分析指標は当期純利益を売上高で割った当期純利益率ですね。売上をいかに効率よく利益に変えているかがわかる指標です。

事業経営全体の効率性を理解する上で最も重要なのがROEであり、そのROEを事業全体のプロセスにしたがって見ていけば、レバレッジ比率、総資本回転率、当期純利益率の3つに分解されます。つまり、決算書を分析する上で極めて大切なのが、ROE、レバレッジ比率、総資本回転率、当期純利益率の4つの指標なのです。この4つを見れば経営がどのように行われているかがわかるのです。

キャッシュフローのパターンから会社の様子が見えてくる

以上、会社にとって大切な数字を説明してきましたが、いままで説明した指標はPLとBSの数字を使って計算するものです。次はCSをどのように分析していくかを説明

図11　CSの8つのパターン

番号	①	②	③	④	⑤	⑥	⑦	⑧
営業キャッシュフロー	＋	＋	＋	＋	－	－	－	－
投資キャッシュフロー	＋	＋	－	－	＋	＋	－	－
財務キャッシュフロー	＋	－	＋	－	＋	－	＋	－

します（図11）。

CSは現金の出入りをあらわす表ですから、それぞれ金額がプラス（＋）になる場合とマイナス（－）になる場合があります。すると、「営業」「投資」「財務」の3つの欄のプラス・マイナスの組み合わせは、合計8パターンが考えられます。そして、このCSの8つの「＋」と「－」のパターンで会社のおおよその状況が読み取れます。

例をとって説明しましょう。例えば⑤番のパターンは調子の悪い会社の典型です。営業キャッシュフローがマイナスになっています。つまり営業収入より仕入支出や給料支払などの営業支出のほうが多い会社です。営業活動を行えば行うほど現金がなくなっています。こんな会社はどこからかお金を集めてこなければなりません。財務キャッシュフローがプラスになっています。つまり、借入金や社債の発行によってお金を集めているわけです。さらにこの会社

第1章 決算書は簡単に読み解ける

は投資キャッシュフローまでプラスです。投資キャッシュフローがプラスというのは誤解しやすいのですが、投資活動によって現金が入ってきているということです。つまり、自分が持っている土地や株券などの資産を売却してお金を集めているわけです。こんな「−、＋、＋」の状況が長く続けば会社はダメになってしまいます。

このようにCSのパターンを見ただけで会社の状態がおおよそわかってしまうのです。

会計の初心者のための財務分析のポイント

会計の初心者が財務分析をする際に大切にすべきことは、財務諸表からザックリと会社の状況を理解することです。会計の初心者にとっての財務分析のポイントは、「財務諸表を事業経営のプロセスにしたがって分析する」ということです。もっと具体的にいえば、財務分析とは財務諸表から次の5つのことを読み取ることにほかなりません。

① どのようにお金を集めてきているか
② それを何に投資しているか
③ その投資した資産をいかに効率よく活用し売上高を作っているか

④ その売上高をどのように利益に変えているか
⑤ 以上の事業全体のプロセスの中で現金がどのように動いているか

そして、これらの事業全体のプロセスを分析するために活用する主要な分析指標が次の4つなのです。

① ROE
② レバレッジ比率
③ 総資産回転率
④ 当期純利益率

財務分析をするということは何かとても難しいことのように感じますが、財務諸表に書いてあることは、会社がどのようにお金を集めてきて、それを何に投資していて、それら投資したものをいかに活用して売上をあげ、その売上をいかに効率よく利益に変えているかということだけです。したがって、私たちもそういう視点で財務諸表を読み解

図解分析法の提案

今まで説明してきたように、会計の初心者が財務分析をする場合には見るべきポイントがあります。しかし、見るべきポイントがわかったからといってそのまま財務諸表の細かい数字を追っていくことはお勧めしません。

私たち会計の初心者が財務諸表を分析する場合、財務諸表の数字を直接読み解くのではなく、少し手を加えて図にすることによって多くの情報を瞬時に直感的に把握できるようになります。これから提案する図表は、膨大な数字が羅列してある財務諸表から必要かつ最低限の情報を抜き出し、イメージで会社の状況を直感的に把握できるようにしたものです。これから提案する図表の形を説明しながら財務分析をしていきましょう。

33ページの図12はサントリーとの経営統合で話題になったキリンホールディングス株式会社（キリン）の2008年12月期のPLとBSを図にしたものです（ただ、この統合話は2010年2月9日に破談になりました）。図の特徴を説明しながらキリンの財務諸表を分析していきましょう。

この図はPLとBSから必要最低限の数字を取り出して、それぞれの金額の多寡が直感的に把握できるように縮尺を同じにして図にしたものです。この「縮尺が同じ」という点が今回提案する図のとても大切なポイントです。BSは流動資産、固定資産、流動負債、固定負債、純資産、利益剰余金などの主要な項目だけを表示しています。

BSで注意しておいていただきたいのは純資産の部です。純資産の部の中の利益剰余金だけを取り出して、純資産の部の内数としてその額を表記しています。利益剰余金の額を見ればその会社が過去に利益を積み上げてきたかどうかがわかります。なお、利益剰余金がマイナスになっている場合は、BSの右側に基準線の下側にくるように表記しています。

有利子負債はBSの右側に取り出して点線の枠囲いで表記しています。有利子負債とは利子を支払わなければならない負債、つまり短期借入金、社債、長期借入金、リース債務などです。そして、この有利子負債のうちで流動負債に入るものと固定負債に入るものとの比率がわかるように配置しています。ただし、PLの方は売上高と粗利と営業利益と当期純利益の4項目だけを表記しています。当期純利益はPLの下に数値を表記するのみで、当期純利益の線は図の中には入っていません。

図12　キリンのPLとBSの図（単位：億円）

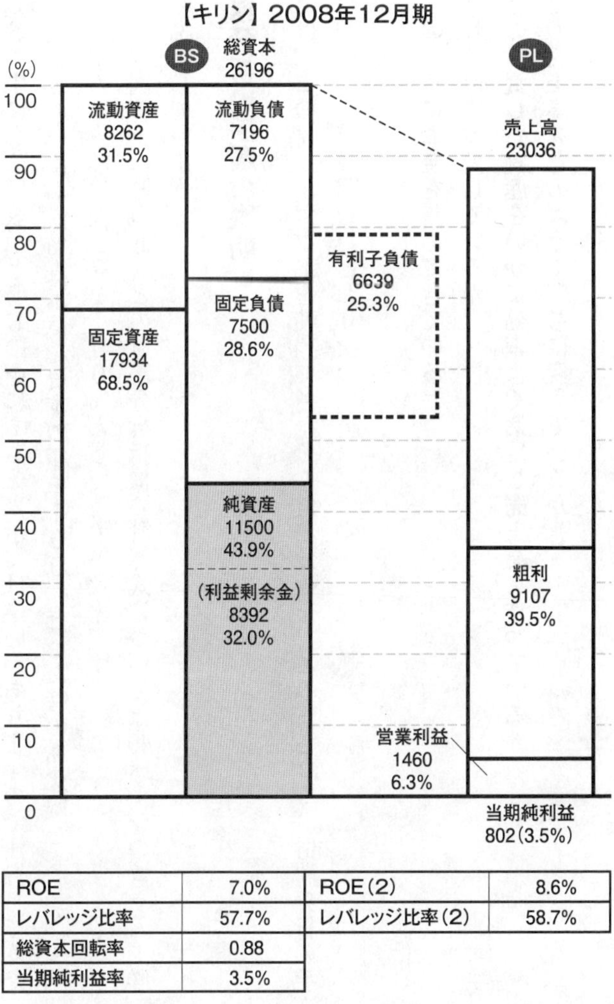

【キリン】2008年12月期

BS 総資本 26196

- 流動資産　8262　31.5%
- 固定資産　17934　68.5%
- 流動負債　7196　27.5%
- 固定負債　7500　28.6%
- 純資産　11500　43.9%
- （利益剰余金）8392　32.0%
- 有利子負債　6639　25.3%

PL

- 売上高　23036
- 粗利　9107　39.5%
- 営業利益　1460　6.3%
- 当期純利益　802（3.5%）

ROE	7.0%	ROE（2）	8.6%
レバレッジ比率	57.7%	レバレッジ比率（2）	58.7%
総資本回転率	0.88		
当期純利益率	3.5%		

BSの中にあるパーセント表示とPLの中にあるパーセント表示には違いがありますので注意してください。BSの中にあるパーセント表示は総資本の額を100%とした時の%比率です。PLの中のパーセント表示は売上高を100%とした時の%比率を表していて、なお、図の下のROEなどの財務分析指標の計算式については49ページのコラムで詳しく説明しています。

財務分析の手順の説明

では、このフォーマットを使ってさっそく財務分析をしてみましょう。財務分析の手順は29ページで説明したとおり次のステップです。

① どのようにお金を集めてきているか
② それを何に投資しているか
③ その投資した資産をいかに効率よく活用し売上高を作っているか
④ その売上高をどのように利益に変えているか

まずBSから見ていきましょう。33ページの図12を見てください。

「①どのようにお金を集めてきているか」はBSの右側を見れば一目瞭然です。要はザックリと、他人資本（負債の部）と自己資本（純資産の部）の比がどれくらいであるかを見ます。負債の部のなかでも利子を払わなければならない「有利子負債」がどれくらいあるかは重要です。キリンは6639億円の有利子負債を抱えています。

ここで同時にチェックしておくべきなのが純資産の部、それも利益剰余金の額です。前述したように、過去に利益をあげ続けていれば一般的には利益剰余金が積み上がっているはずだからです。逆に、過去に赤字を出し続けていれば利益剰余金の部自体がマイナス、つまり資産より負債の方が多くなっていれば、その会社は「債務超過」の状態にあるということです。キリンは8392億円の利益剰余金を積み上げています。これを見ただけでキリンが過去に良好なビジネスを行ってきたことがわかります。

次は②番目のステップの「この集めてきたお金を何に投資しているか」です。つまりBSの資産の部のチェックです。ここで流動資産や固定資産の額を見ます。どんな資産に投資しているかの詳細は、実際の財務諸表の各項目を一つひとつ見ていかなければわ

かりませんが、この段階ではBSがどんな形になっているかを直感的にとらえるだけに留めておきましょう。

BSを図にして眺めてみると、会社の安全性や安定性を評価する「流動比率」「自己資本比率」などの主要な分析指標の良し悪しも、数値を計算するまでもなく直感的に理解できます。

流動比率は、流動資産÷流動負債です。流動資産は1年以内に現金化される予定の資産、流動負債は1年以内に返済する予定の負債でした。この数字をみれば会社の手元流動性、つまり現金を支払ってくれそうかどうかがわかります。素人が考えても、流動比率は一般的に100％以上であるべきだということはわかります。流動比率が100％以上ということは、1年以内に返済する予定の負債より1年以内に現金化される予定の資産の方が多いということです。そうであればお金が足りなくなる危険性が少ないので安心ですね。キリンの流動比率は100％以上になっています。

優良な企業は自己資本比率が高い会社が多いといわれています。自己資本比率は、自己資本÷総資本で計算されます。自己資本を純資産合計として計算すれば、キリンの自己資本比率は43・9％となります。

この43・9％という数字は良いのでしょうか悪いのでしょうか。会計の初心者はこの数字だけではそれが良いのか悪いのかわかりません。同業他社や業界の標準値と比較してみる必要があります。ちなみに日本の上場企業の自己資本比率の平均値は約37％ですから、キリンの43・9％は良いほうかもしれません。

次は「③その投資した資産をいかに効率よく活用し売上高の比を作っているか」ということです。これはBSの全体の大きさである総資本と売上高の比を見ればわかります。作図する上での縮尺を同じにしてBSとPLを並列に置いたのは、総資本回転率が一目で理解できるようにするためです。投下した資本、言い換えれば取得した資産をどのくらい効率よく売上高に変えているかが、このBSとPLの関係から直感的に把握できるのです。キリンの総資本回転率は0・88（＝23036億円（売上高）÷26196億円（総資本））です。

では次に「④その売上高をどのように利益に変えているか」を見てみましょう。PLの分析です。キリンの粗利率は39・5％、営業利益率は6・3％、当期純利益率は3・5％です。

ここまで見てきたように、PLとBSの図の大きさと構造を一目見ただけで、分析の

図13 キリンのキャッシュフローの推移(単位:億円)

	2004	2005	2006	2007	2008	5年計
営業CF	1280	1047	1237	1146	1313	6023
投資CF	▲443	▲667	▲1532	▲2696	▲1693	▲7031
財務CF	▲359	▲520	▲500	1216	267	104

ポイントが一瞬で直感的に把握できるのです。これこそが、全体像をイメージで把握するということです。

最後にキャッシュフロー計算書を見ておきましょう(上図)。

キャッシュフロー計算書を見れば2006年以降、営業キャッシュフローを上回るお金を投資キャッシュフローに使っていることがわかります。特に2007年は営業キャッシュフローの2倍以上のお金を投資に使っていることがわかります。

後ほど説明しますが装置産業では営業キャッシュフローとほぼ同等のお金を投資にまわすのが一般的ですから、キリンはここ数年、積極的な投資活動を行っていることがわかります。

これだけの数字をチェックすれば、おおよその会社の状態はわかります。これが1社の1期分の財務諸表から会社の様子を分析する基本的なステップです。説明してきた分析手順をまとめておきましょう。

① BSの右側を見て、どのようにお金を集めてきているかをチェックする。特に有利子負債の額がどの程度あるかを見ておく。
② 利益剰余金の額を見て、その会社が過去に利益をあげていたか赤字を出していたかをチェックする。
③ BSの左側を見て、集めてきたお金が何に投資されているかをチェックする。
④ その際に「流動比率」「自己資本比率」などの指標を感覚的につかむ。
⑤ BSとPLの大きさから、投下した資産をいかに効率よく使って売上高に変えているか、つまり総資本回転率をチェックする。
⑥ 売上高からいかに効率よく利益を出しているかをチェックする。
⑦ 主要な財務分析指標「ROE」「レバレッジ比率」「総資本回転率」「当期純利益率」の数字をチェックする。
⑧ キャッシュフローのパターンをチェックする。
⑨ こうやって全体像をチェックした上で気になる所があれば実際の財務諸表に戻って細かい数字を確認する。

期間比較と同業他社比較の重要性

 以上で財務分析の基本的な手順の説明を終わります。財務分析とは何をするかがおわかりいただけたでしょうか。しかし、残念ながら私たち会計の初心者は1社の1期分の財務諸表を見ただけでは、それらの数字が良いのか悪いのか、どこに問題があるのかはよくわかりません。例えば、先ほどの33ページの図12を見ると、キリンの営業利益率が6・3％であるということはわかります。しかし素人には、この数字が良いのか悪いのかはわかりません。これらの数字が良いのか悪いのかを判断するには、キリンが過去から現在までどのように変化してきたかという期間比較をしたり、アサヒビールなど他の競合会社の数字と比較してみる必要があります。

 会計の専門家が、1社の1期分の財務諸表を見ただけで会社の状況が瞬時にわかるのは、それまでに膨大なデータが頭の中に蓄積されているからです。つまり会計の専門家は、過去にたくさんの財務諸表を見てきた経験があるため、1社の1期分の財務諸表を見ただけで会社の状況がわかるのです。

 私たち会計の素人が、財務諸表から会社の状況を読み解くためには、その会社の期間

比較や同業他社との比較をする必要があります。逆にいえば、期間比較や同業他社比較をすれば、私たちのような会計の初心者であっても財務分析が可能になります。

では、同じビール業界のアサヒビール株式会社と期間比較をしながら同業他社比較をしてみましょう。42ページ〜45ページに掲載されている図14と図15の4つの図は全て同一縮尺で作ったものです。これら4つの図を見て気付くことがあります。特に総資本の額が2004年の2008年の図がとても大きくなっていることです。それはキリンの2008年の図がとても大きくなっています。

前述したようにここ数年キリンはかなりのお金を投資に向けてきました。このことがBSの大きさとなって表れているわけです。有利子負債も2008年のキリンだけが大きな額になっています。他人資本を使ってレバレッジを利かせ積極的な拡大戦略を採っていることがBSに表れています。キリンは利益剰余金も大きく積み上げており、規模的にも内容的にもやはりビール業界の巨人ですね。

最近のキリンの戦略は明確です。国内の人口は今後減っていく一方であり、加えて若者はビールを飲まなくなってきました。これから日本のビール市場が拡大していくことはないでしょう。

【キリン】2008年12月期

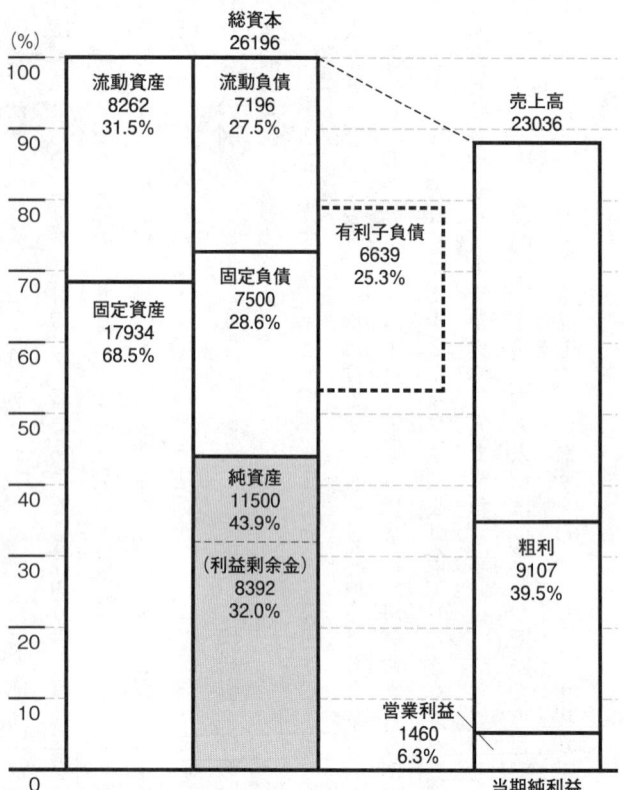

項目	金額	比率
総資本	26196	
流動資産	8262	31.5%
固定資産	17934	68.5%
流動負債	7196	27.5%
固定負債	7500	28.6%
有利子負債	6639	25.3%
純資産	11500	43.9%
(利益剰余金)	8392	32.0%
売上高	23036	
粗利	9107	39.5%
営業利益	1460	6.3%
当期純利益	802	3.5%

ROE	7.0%	ROE(2)	8.6%
レバレッジ比率	57.7%	レバレッジ比率(2)	58.7%
総資本回転率	0.88		
当期純利益率	3.5%		

第1章 決算書は簡単に読み解ける

図14 キリンの期間比較 (単位:億円)
【キリン】2004年12月期

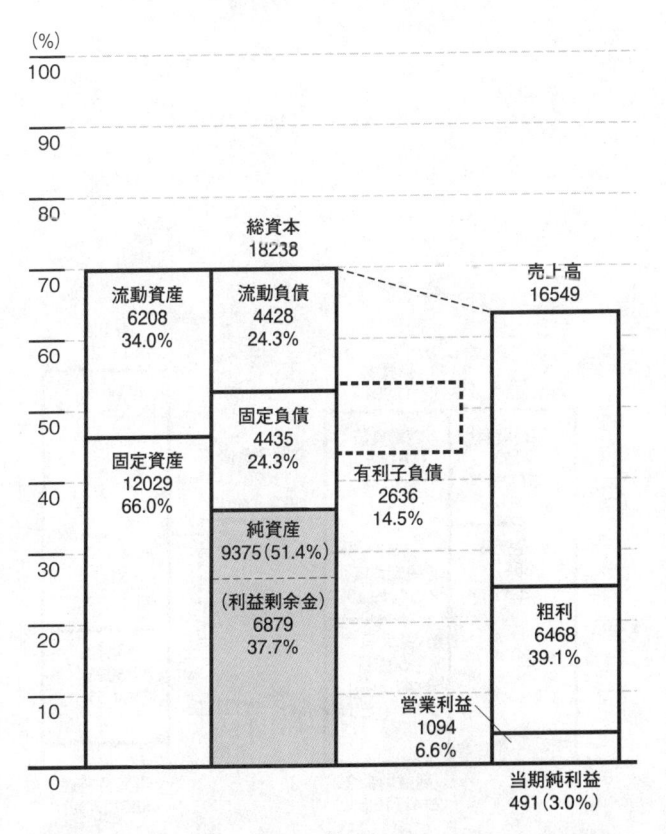

総資本 18238	
流動資産 6208 34.0%	流動負債 4428 24.3%
	固定負債 4435 24.3%
固定資産 12029 66.0%	純資産 9375 (51.4%)
	(利益剰余金) 6879 37.7%

有利子負債 2636 14.5%

売上高 16549
粗利 6468 39.1%
営業利益 1094 6.6%
当期純利益 491 (3.0%)

ROE	5.2%	ROE(2)	5.7%
レバレッジ比率	28.1%	レバレッジ比率(2)	27.8%
総資本回転率	0.91		
当期純利益率	3.0%		

【アサヒ】2008年12月期

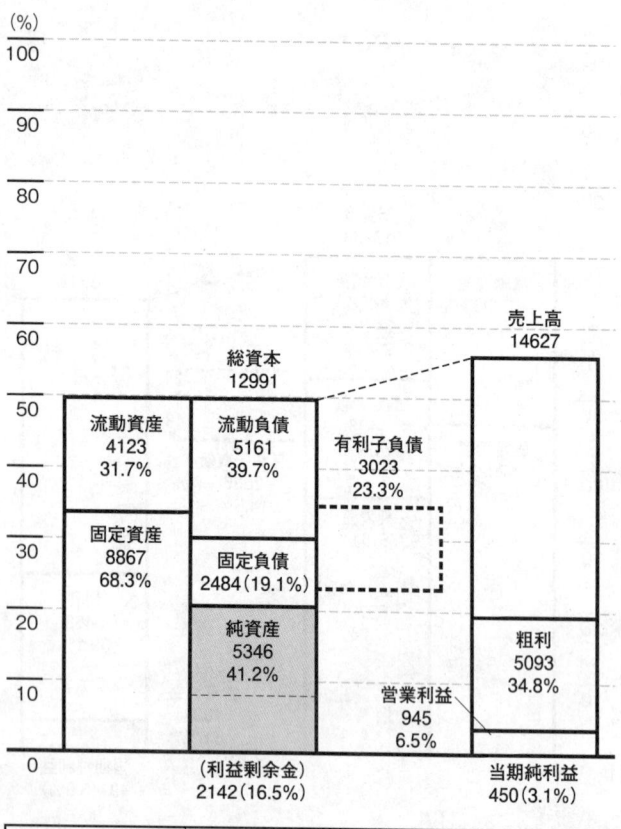

項目	金額・比率
総資本	12991
流動資産	4123 (31.7%)
固定資産	8867 (68.3%)
流動負債	5161 (39.7%)
固定負債	2484 (19.1%)
純資産	5346 (41.2%)
(利益剰余金)	2142 (16.5%)
有利子負債	3023 (23.3%)
売上高	14627
粗利	5093 (34.8%)
営業利益	945 (6.5%)
当期純利益	450 (3.1%)

ROE	8.4%	ROE (2)	8.6%
レバレッジ比率	56.5%	レバレッジ比率 (2)	41.9%
総資本回転率	1.1		
当期純利益率	3.1%		

第1章 決算書は簡単に読み解ける

図15 アサヒの期間比較（単位:億円）
【アサヒ】2004年12月期

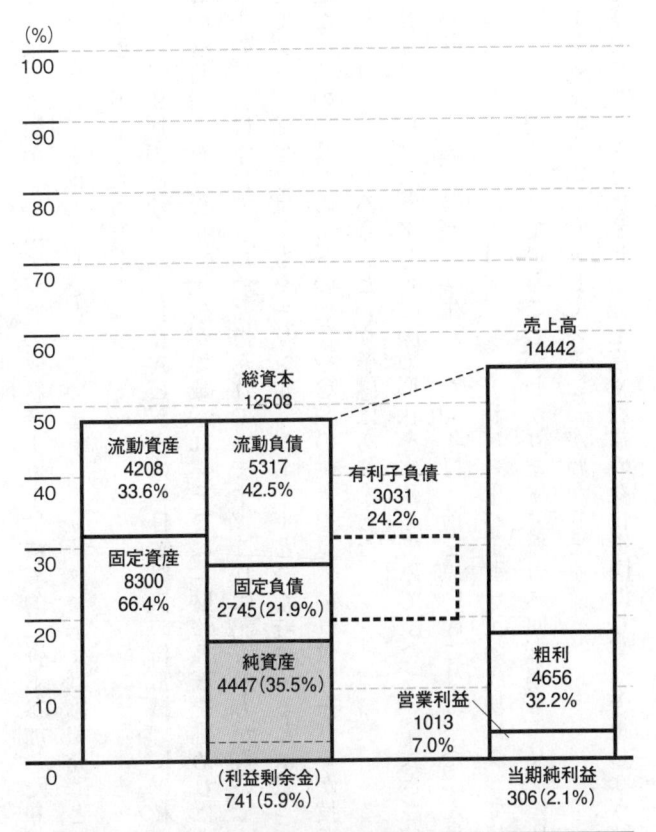

売上高	14442
総資本	12508
流動資産	4208 (33.6%)
固定資産	8300 (66.4%)
流動負債	5317 (42.5%)
固定負債	2745 (21.9%)
純資産	4447 (35.5%)
有利子負債	3031 (24.2%)
粗利	4656 (32.2%)
営業利益	1013 (7.0%)
当期純利益	306 (2.1%)
(利益剰余金)	741 (5.9%)

ROE	6.9%	ROE(2)	7.3%
レバレッジ比率	68.2%	レバレッジ比率(2)	63.2%
総資本回転率	1.2		
当期純利益率	2.1%		

45

キリンはここ数年、東南アジアの飲料メーカーに積極的に資本参加したり、飲料以外の医薬品の分野でも拡大戦略をとっています。キリンファーマは協和発酵と一緒になって協和発酵キリンとなりました。

2009年9月20日号の『AERAビジネス 日本経済の新常識』に、私がキリンとアサヒの財務諸表を分析した記事が掲載され、そこに「財務3表を眺めればキリン・サントリーの統合は予言できた」と書かれています。これは記者の方が書いてくださった見出しであり、私自身はよもやキリンがサントリーと経営統合するとは思っていませんでしたが、このキリンのBSの変化やCSの動きを見ていれば、キリンが投資がらみで何かをしかけてくるだろうなという予感はありました。

2004年のキリンとアサヒの図の形状を比較してみてください。大きさはさほど変わりがありませんね。私が大学生だった30年ほど前を思い起こせば、たぶんキリンとアサヒには大きな差があったはずです。アサヒスーパードライの成功によって規模的にもかなりキリンに迫ってきていることがわかります。総資本回転率もキリンに比べていい数字であり効率の良い経営をしていることがわかります。

参考までにキリンとアサヒの売上高や利益の変化を図にしておきましょう。

図16 キリンとアサヒの売上高推移

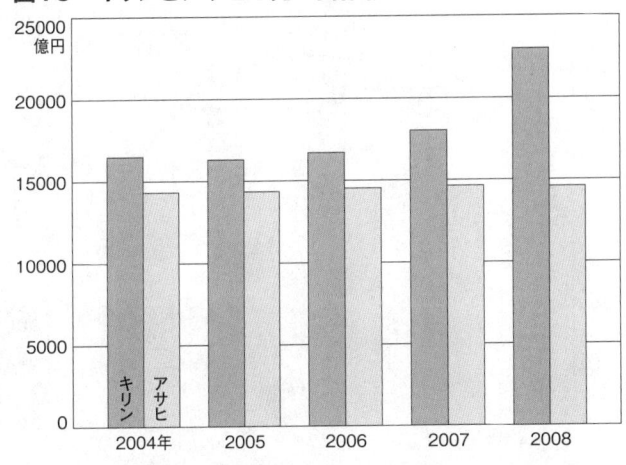

キリンの売上高はここ数年急増しています。投資の成果が現れてきたのでしょう。利益率では2008年のキリンの経常利益率がかなり下がっていますが、それ以外は両社とも経常利益率6%～7%、当期純利益率3%前後で推移しているのがわかります（図17、図18）。

このようにPLとBSを図にして、同じ業界の他社と比較しながら期間比較してみると会社の経営実態が見えてくるのです。

第3章では56社を紹介しています。

図17 キリンとアサヒの経常利益推移

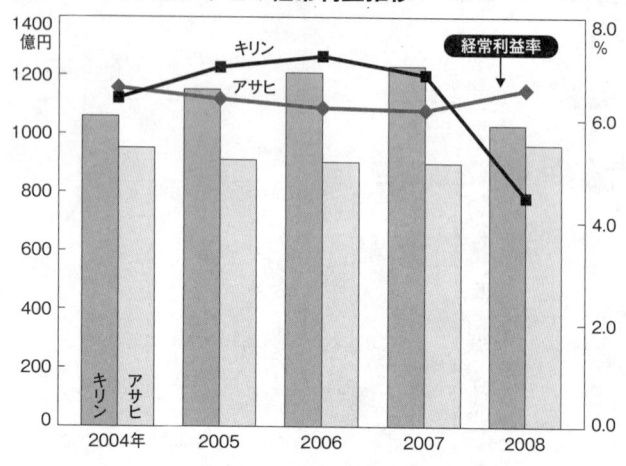

図18 キリンとアサヒの当期純利益推移

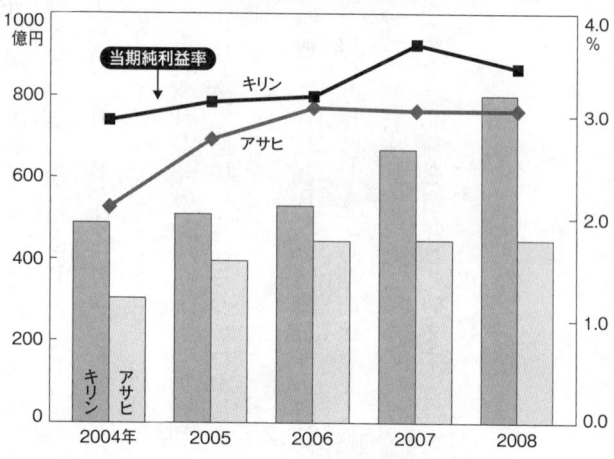

コラム 財務分析指標の計算式について

本書に掲載しているPLとBSの原図は、拙著『財務3表一体分析法ソフト「図解の達人」』(朝日新聞出版)を使って作図しています。ここで、図の下にある財務分析指標「ROE」「レバレッジ比率」の計算式について説明しておきます。

『財務3表一体分析法』「経営」がわかる決算書の読み方』(朝日新書)では財務分析指標の計算を行う際、できるだけ簡単にその概要が理解できるようにするために簡便式を用いました。『図解の達人』も『財務3表一体分析法』をベースに作っていますので、財務分析指標の計算式は基本的に簡便式を用いています。

表の左側の「ROE」は簡便式を用いて計算したものです。つまり、「ROE」の分母には「自己資本」ではなく「純資産合計」を使っています。表の右側の「ROE(2)」は分母に「自己資本」を用いています。つまり計算式は次のようになっています。なお、「純資産合計」と「自己資本」の違いについては73ページのコラムを参照ください。

ROE ＝ 当期純利益 ÷ 純資産合計
ROE（2）＝ 当期純利益 ÷ 自己資本

　同じく、表の左側の「レバレッジ比率」は簡便式を用いて計算したものです。つまり、「有利子負債」と「純資産合計」の比を求めています。表の右側の「レバレッジ比率（2）」は「長期他人資本」と「自己資本」の比を求めています。
　そもそもレバレッジ比率とは資産を取得するための「長期資金」を自己資本（資本金）によって調達しているのか他人資本（負債）によって調達しているのかを見ようとするものです。
　ここで大切なのは「長期資金」という考え方です。負債の中に買掛金があります が買掛金は資産を取得するための負債ではありません。また、短期借入金も一般的には運転資金といわれる通常の営業活動の中で必要になってくる資金需要に対応するための借入金です。つまり、買掛金や短期借入金は基本的には資産を取得するための資金ではありません。

一方、「流動負債」に属する「1年以内返済予定長期借入金」や「1年以内償還予定社債」は、1年以内に返済や償還の期限が来るために「流動負債」の枠内に入れられていますが、これらは基本的には資産取得のために調達した長期資金です。

したがって、レバレッジ比率を計算するうえでの他人資本は、正しくいえば負債の部の中の「長期他人資本」、つまり固定負債の中の「長期借入金」や「社債」に、流動負債の中にある「1年以内返済予定長期借入金」や「1年以内償還予定社債」を加えたものになるのです。

「レバレッジ比率(2)」はこの「長期他人資本」と「自己資金」の比を表しており、計算式は次のようになっています

レバレッジ比率 = 有利子負債 ÷ 純資産合計

レバレッジ比率(2) = 長期他人資本 ÷ 自己資本

なお、ROE(2)やレバレッジ比率(2)が表示されるのは、「少数株主持分」や「長期他人資本」などの詳細な数字を入力し、ROE(2)やレバレッジ比率(2)を

計算するために必要な数字が揃っている場合のみです。本書でも企業によってはROE（2）やレバレッジ比率（2）が表示されていない場合があります。

第2章
財務諸表と株式指標の関係を知る

配当とは何か

 第1章では会計の初心者が財務諸表から会社の状況をザックリつかむ方法について書いてきました。この第2章では財務諸表と株式指標の関係について説明します。

 そもそも財務諸表が何のために作られるかというと、その第一の目的は会社の外の関係者(株主や債権者)に会社の状況を正しく伝えるためです。有価証券報告書、決算短信、会社四季報などの財務資料は基本的に投資家や債権者に有用な情報を提供するために作られています。

 株式投資において重要なもののひとつが「配当」です。投資家は何のために株式投資をするかというと、それは自分のお金を運用して増やしたいからです。

 私が本書で皆さんに伝えたいことの一つは「何事も全体像を理解することが大切である」ということです。全体像が理解できれば自ずと本質が見えてきます。第1章で説明した図解分析もザックリと財務諸表の全体像をつかむための方法でした。この第2章でもまずは「配当」というものの全体像を説明します。

 これからしばらくは、「会社は株主のもの」という資本主義の論理にしたがって説明

していきます。私自身は「会社は株主のもの」などとは思っていませんが、資本主義の論理にしたがえば会社は株主のものです。この考え方に違和感がある人も取りあえず我慢してついてきてください。ここからは次ページの図19を見ながら読み進めてください。

会社は株主のものです。株主がこの会社に出資して会社を保有しています。ここでは話を簡単にするために100％株主だとしておきましょう。

ではここで質問です。株主が出資している会社があげた利益、全ての費用を差し引いて残った「当期純利益」という利益はだれのものでしょうか。これは株主のものです。

会社は株主のものですからその会社があげた利益は株主のものです。

ここは混乱しやすいところなのでもう少し説明しておきましょう。もし、この株主が会社に出資しないとすると、株主には他にどんな運用方法があるでしょう。国債を買ったり定期預金に預けるといった方法がありますね。株主がある会社に100万円出資しているとしましょう。もし、この100万円を会社に出資するのではなく定期預金に預けていたとしましょう。定期預金に100万円預けておけば1年後にはなにがしかの利息がつきますね。例えば年率5％、5万円の利息がついたとします。この利息はだれのものでしょうか。もちろん定期預金にお金を預けている株主のものですね。

図19　配当の意味

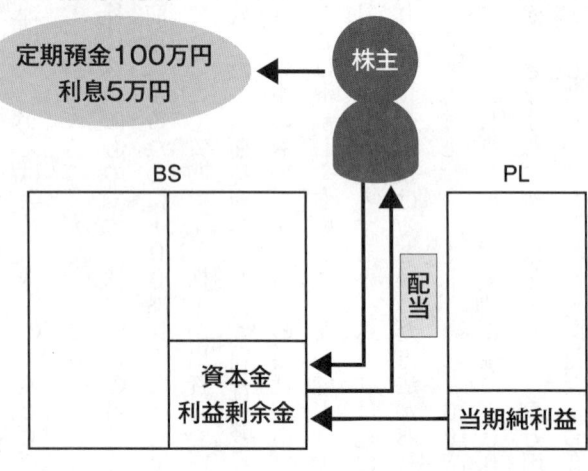

```
定期預金100万円
利息5万円          ← 株主
                      │
   BS                 │           PL
                    配当
           資本金 ←─┤
         利益剰余金 ←─────── 当期純利益
```

　実は、会社の資本金と当期純利益の関係は、定期預金における元本と利息のようなものなのです。

　さらに、定期預金にお金を預ける場合、利息を毎年引き出して元金部分だけを運用していくという方法と、利息を引き出さずに元金部分に加えて複利で運用していくという方法があります。そして、この利息を毎年引き出すかそれとも複利で運用するかは、定期預金にお金を預けている人が決められることですね。

　会社からの配当もこれと同じです。定期預金の利息を毎年引き出すのが株式投資における配当です。定期預金の利息を引き出さずに複利で運用するのが、当期純利益を

会社に利益剰余金として再投資することなのです。図19を見ながら配当の流れをもう少し説明しておきましょう。株主の投資に対する利息のようなものである当期純利益はまずBSの利益剰余金に全額積み上げられます。その利益剰余金の中から配当として株主に渡されるものと会社内部に再投資するものに分けられるのです。

ここで株式会社の仕組みをまとめておきましょう。株主が投資した資本金という自己資本をベースに会社が事業を行い、会社は当期純利益という形で株主の自己資本を増やすわけです。この当期純利益はそのままBSの利益剰余金として積み上げられ、その利益剰余金の中から一部は配当に回され、残りは会社内部に積み上げられていきます。このようにして株主の自己資本が会社の事業運営によって増えていき、その一部が配当として株主に還元されていくのです。

配当性向とは何か

では企業は毎年の当期純利益の中でどれくらいの割合を配当に回しているのでしょう。当期純利益の中の何％を配当に回したかを見る指標が配当性向です。計算式は次の通り

配当性向（％）＝ 配当金総額 ÷ 当期純利益 × 100

です。

会社四季報などを見ると「1株益」とか「1株配」ということばが出てきます。この「1株益」は1株当たりの当期純利益のことで、英語ではEPS（Earnings Per Share）と言います。また、「1株配」は1株当たりの配当額です。この1株当たりの数値で配当性向を表せば次のようになります。

配当性向（％）＝ 1株当たりの配当額 ÷ 1株当たりの当期純利益 × 100

配当をどれくらいの額にするかは簡単な話ではありません。長期的な事業運営のことを考えればできるだけ配当をせずに会社内部に留保し、そのお金を将来の投資や開発に向けた方が良いでしょう。そのほうが株主にとっても長期的に安定した配当が期待できるでしょう。一方で、株主の発言権が強まった昨今では株主が短期的に多くの配当を要

第2章 財務諸表と株式指標の関係を知る

求する場合もあるかもしれません。また、配当をしなければ株価は下がってしまうことも考えられます。

配当性向を考える場合にもう一つ注意しておくことがあります。日本では２００６年以降連結ベースの財務諸表が中心になってきました。ただ、配当はあくまでも個別企業の話です。ですから、配当性向を計算する場合の分子の配当額に個別企業の数字を使い、分母の当期純利益に連結ベースを使うのはおかしい気もします。有価証券報告書の最初のページに主要な経営指標の推移が記載されていて、そこは連結経営指標と提出会社の経営指標に分かれています。そして、配当性向は提出会社の経営指標の中だけに出てきます。

ただ、配当は個別企業の話だからもっともです。

ただ、財務諸表の基本が連結ベースになってきていますので配当性向も連結配当性向、つまり連結財務諸表を提出する会社の個別の配当金をその会社の連結当期純利益で割った値で話をすることが多くなってきているようです。

日本の大企業では実質的に経営者が企業維持という長期的視点で配当額を決め、それが株主総会で承認されるという形になっています。日本の大手企業の配当性向が一般的にどれくらいかを理解するために、配当性向に関する考え方の具体例をいくつか挙げて

おきましょう。

過去に会社が発表した情報を調べると、自動車会社のトヨタやホンダは中期的な連結配当性向の目標を30％程度に設定しているようです。また、各企業の直近のホームページをチェックしてみると各社の配当方針は次のようになっています。

新日本製鐵：「連結配当性向20％程度を基準とします」
三井物産：「当面は現行の連結配当性向20％を維持したい」
京セラ：「連結配当性向を20％〜25％程度の水準で維持する」

これらを見ると、日本の大手企業は連結配当性向を20％〜30％程度と考えているようです。

ROE（自己資本利益率）が大切なわけ

第1章で、『「会社は株主のもの」という視点に立って事業経営の効率性を考えれば、一番大切な財務分析指標はROEです」と言いました。その意味が第2章のここまでの

説明でご理解いただけたと思います。前述したように、株主は自分のお金を増やしたいから株式に投資しているわけです。株主が投資した自己資本と当期純利益の関係は定期預金における元本と利息のような関係です。定期預金に預ける時に利率が気になるように、株主は自分が投資した自己資本がどれだけの利息（当期純利益）になるかが気になるわけです。その自己資本と当期純利益の関係を計算したのがROEです。ROEとは株式投資における利率のようなものなのです。そして、この当期純利益が積み増された利益剰余金の中から配当されるわけですから株主にとってはROEが極めて大切なわけです（図20）。

ここで、定期預金による運用と株式投資による運用の類似性を次ページの図21にまとめておきましょう。定期預金は元金部分①が運用されて利息②がつきます。利息の

図20　ROEが大切なわけ

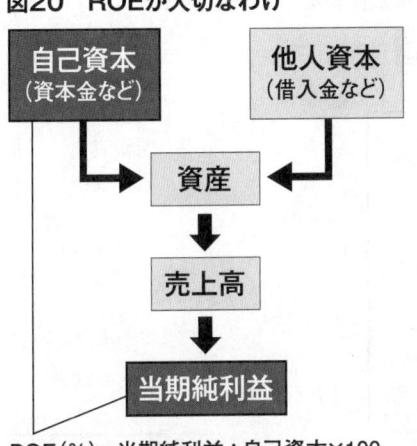

```
┌──────────┐      ┌──────────┐
│  自己資本  │      │  他人資本  │
│（資本金など）│      │（借入金など）│
└─────┬────┘      └─────┬────┘
      │      ┌─────┐     │
      └─────▶│ 資産 │◀────┘
             └──┬──┘
                ▼
             ┌─────┐
             │売上高│
             └──┬──┘
                ▼
          ┌──────────┐
          │ 当期純利益 │
          └──────────┘
```

ROE（％）＝当期純利益÷自己資本×100

図21 定期預金と株式投資の比較概念図

定期預金の運用

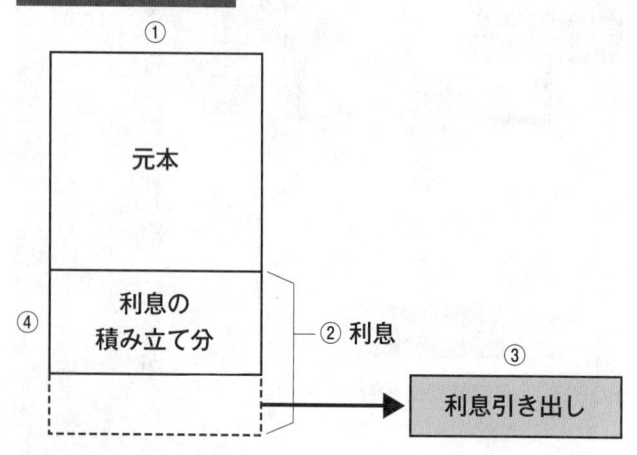

①
- 元本
- 利息の積み立て分 ④

② 利息

③ 利息引き出し

株式投資の運用

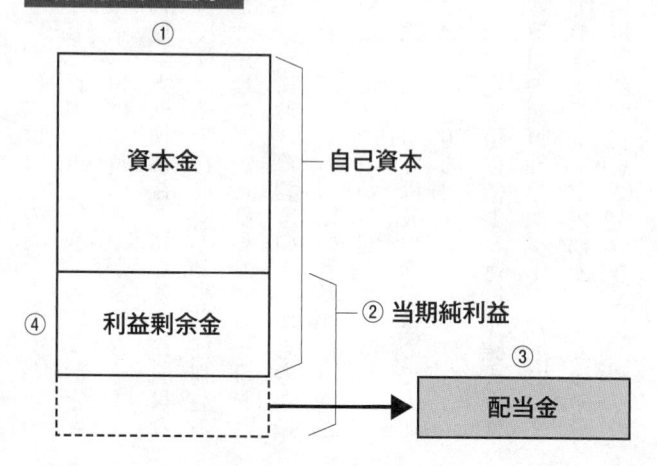

①
- 資本金
- 利益剰余金 ④

自己資本（資本金）

② 当期純利益

③ 配当金

第2章 財務諸表と株式指標の関係を知る

一部を引き出す③とすると、利息の一部を引き出した残りの利息④が元金部分に積み増されます。そして、元々の元本①と利息の積み立て部分④がその後も複利で運用されていきます。

株式投資も全く同じです。資本金①を使って事業が行われ当期純利益②が生まれます。この当期純利益はいったん利益剰余金としてBSの純資産の部に積み上げられ、その利益剰余金の一部は配当金③として株主に支払われます。残りの利益剰余金④と資本金部分が合計で自己資本となり、元々資本金だけだった自己資本に利益剰余金が加わって株主の自己資本が増えていくという構図です。

PBR（株価純資産倍率）は市場の評価を表している

定期預金の元本と利息の関係は株式投資における資本金と当期純利益の関係と似ていると言いましたが、定期預金と株式投資には抜本的な違いがあります。それは株式の価値は市場で変動するということです。例えば、定期預金の元本100万円はどこまでいっても100万円ですが、上場企業の株を100万円で買っていれば、その価値は株式市場で変動します。元本の100万円が株式市場の市場価値では200万円になった

63

り50万円になったりするわけです。

お金を定期預金に預けるのではなく株式に投資する魅力は、元本の価値が市場で変動するということです。保有している株式の価値が上がり、高値の時点でそれを売却すれば大きな利益を得ること（キャピタルゲイン）ができます。しかし、株価は値下がりすることもありますから、それがそのまま大きなリスクにもなるわけです。

BSの純資産の部というのは、株主が出資した資本金が事業運営によってどれだけ増えたかという帳簿上の価値を表しています。この帳簿上の純資産の価値が株式市場でどれくらいの評価を受けているかを表す指標がPBR（Price Book-value Ratio）です。日本語では株価純資産倍率と言います。計算式は次の通りです。

PBR（株価純資産倍率）＝ 株価 ÷ 1株当たり純資産

この式の分母と分子に発行済み株式数を掛ければ次のような式になります。時価総額とは株価×発行済み株式数で計算されます。

図22　純資産の部と時価総額の関係

資産の部	負債の部	
流動資産 固定資産	流動負債 固定負債	
	純資産の部	時価総額 240万円
	資本金 100万円 利益剰余金 20万円	

BS

PBR（株価純資産倍率）＝ 時価総額 ÷ 純資産合計

例えば、資本金が100万円で、会社が稼いできた利益のうちBSに積み上げられている利益剰余金が20万円であればBSの純資産の価値は120万円となります。この会社の時価総額が240万円であればPBRは2・0ということになります。

PBRはBS上の純資産が株式市場でどの程度の価値（時価総額）になっているかを見ているものですから、PBRが高いということは、市場がその会社の価値をBSの帳簿上の価値より大きいと見ているということです。

PBRのひとつの評価基準は「1倍」です。PBRが「1」未満というのはBSの純資産価値より時価総額が低いということですから、これは極めて低

い株価になっていることを意味します。

PER（株価収益率）は市場の見通しを表している

定期預金の場合は元本の価値が変わりませんから、元本に対する利益の関係を計る指標は利率だけで充分です。しかし、株式は元本部分の価値が株式市場で変動するので、株式における利益を計る考え方には2つの指標が必要になってきます。

1つは、BSの帳簿上の自己資本に対する利益率である自己資本利益率、つまりROEでした。これはBSの帳簿上の自己資本に対する利率を見るものです。

一方、時価総額と当期純利益の関係を計算するものがPER（Price Earning Ratio）、日本語で言えば株価収益率です。計算式は次のようになります。

PER（株価収益率） ＝ 時価総額 ÷ 当期純利益

これを、1株あたりで考えると次の計算式になります。

PER（株価収益率）＝ 株価 ÷ 1株あたりの当期純利益（EPS）

58ページで説明したように、1株あたりの当期純利益のことを「1株益」とかEPSとかと言います。PERとは、株価が1株あたりの当期純利益の何倍になっているかを計算しているものです。株価が500円で、1株あたりの当期純利益が100円ならPERは5倍です。

ただし、PERの値は当期純利益の額に大きく左右されます。当期純利益が極端に少なければPERは極端に大きくなります。『会社四季報』（東洋経済新報社）に記載されている実績PERの値は過去3年間の各年度の最高株価と最低株価から算出したPERの平均値をとっているようです。これは単年度の数字だけでは変動が大きくなりすぎるからでしょう。

PERは現在の利益と株価との関係を計算したものですが、株価と利益の関係という考え方は大切です。なぜなら株価は基本的に将来もたらされる利益の見通しによって決まるものだからです。これは株式投資をする上で極めて重要な考え方です。

例えばある会社が莫大な設備（資産）を持っていたとしても、その設備（資産）が将

来利益を産まないということが確実なら、だれもその会社の株など買わないでしょう。なぜなら、投資しても投資したお金が増えていかないのが確実だからです。

ビジネス界におけるモノの値段というのは、将来そのモノがどれくらいのお金を稼いでくるかによって決まるというのが基本的な考え方です。企業を買収する時の会社の値段の決め方も、将来その会社が生み出すであろうキャッシュフローをベースに決めるというのが一つの基本です。株価はその会社が保有している資産の規模で決まるのではなく、将来その会社がどれくらいの利益を生み出すかという見通しによって決まるということは間違いありません。

そういう意味では、PBRすなわち時価総額と帳簿上の純資産の価値の差は、その会社の将来の利益の見通しをベースにした将来の期待価値と帳簿上の価値の差を表しているということになります。

最後に、株価に対して配当がどれくらいの割合で行われているかを見る指標を説明しておきましょう。配当利回りです。計算式は次のようになります。

配当利回り（％）＝ 1株あたりの配当金 ÷ 株価 × 100

第2章 財務諸表と株式指標の関係を知る

定期預金は元本が変動しませんから利率がわかれば元本に対する利息の額がわかります。そしてその利息は現金の形で受け取れます。今100万円を年利5％の定期預金に預ければ1年後には5万円の利息が現金でもらえます。

一方、株式投資は株価自体が市場で変動します。今100万円の株を株式市場で買ってその株を売却せずに持っていれば配当が現金の形で入ってきます。株式市場で株を買うために拠出したお金とそれによって配当してもたらされる現金の利回りが配当利回りというわけです。

財務諸表と株式指標の図解によるまとめ

いままで説明してきた財務諸表と株式指標の関係を図にしてまとめておきましょう。

ここからは71ページの図23を見ながら読み進めてください。

①のROE（自己資本利益率）は、BSの自己資本がどれだけの利益をもたらしたかを見るものです。定期預金における利率のようなものと考えてよいでしょう。

ROE（自己資本利益率）＝ 当期純利益 ÷ 自己資本

②のPBR（株価純資産倍率）は、BSの簿価純資産が市場でどれくらいの評価（時価総額）になっているかを見るものです。

PBR（株価純資産倍率）＝ 時価総額 ÷ 純資産合計

③のPER（株価収益率）は、時価総額が当期純利益の何倍になっているかを見るものです。その会社の利益に対する市場の期待値が表れます。

PER（株価収益率）＝ 時価総額 ÷ 当期純利益

なお、財務諸表と株価の関係について詳しく知りたいかたは、デイビッド・メッキン著・拙訳『財務マネジメントの基本と原則』（東洋経済新報社）をお読みください。

図23 財務諸表と株式指標の関係

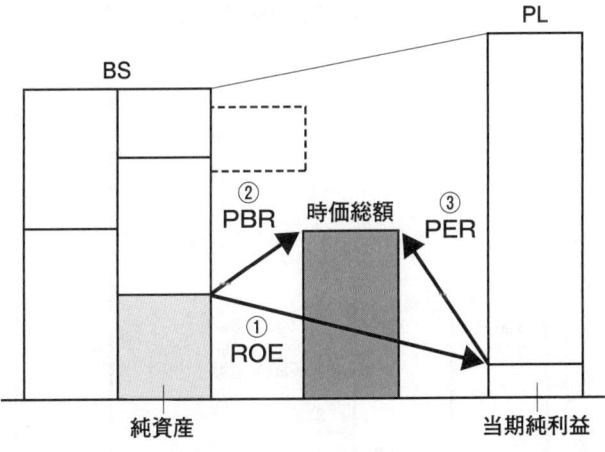

では、ここで自動車会社のスズキを例にとって説明しておきましょう（図24）。スズキの時価総額は12236億円です。スズキの純資産合計は7429億円ですが、自己資本を計算すると6394億円になります（純資産合計と自己資本の違いについては73ページのコラムをお読みください）。

①のROEは当期純利益（274億円）÷自己資本（6394億円）＝4.3％、
②のPBRは時価総額（12236億円）÷純資産合計（7429億円）＝1.65、
③のPERは時価総額（12236億円）÷当期純利益（274億円）＝44.7です。

図24 スズキのPL・BSと株式指標の関係（単位：億円）
【スズキ】2009年3月期

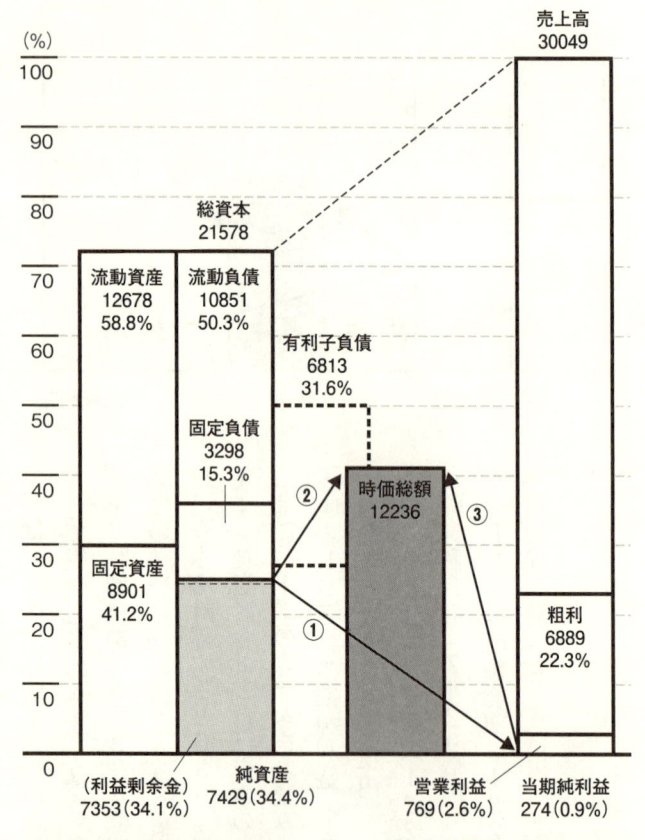

売上高	30049
総資本	21578
流動資産	12678 (58.8%)
流動負債	10851 (50.3%)
有利子負債	6813 (31.6%)
固定負債	3298 (15.3%)
固定資産	8901 (41.2%)
時価総額	12236
粗利	6889 (22.3%)
（利益剰余金）	7353 (34.1%)
純資産	7429 (34.4%)
営業利益	769 (2.6%)
当期純利益	274 (0.9%)

❶ROE	4.3%
❷PBR	1.65
❸PER	44.7

＊時価総額は09年8月27日の株価終値による

コラム 自己資本と純資産合計について

ここで、「純資産合計」「自己資本」「株主資本」の3つの言葉を整理しておきましょう。ROE（自己資本利益率）のことを「株主資本利益率」と書いてある本も少なくないと思います。2006年5月に会社法が施行される前は、現在の「純資産の部」は「資本の部」と呼ばれていて、この「資本の部」のことを「株主資本」と呼んでいました。株主の資本は資本金だけでなく留保利益である利益剰余金も含めた「資本の部」全体という考え方です。

図25のように、会社法が施行され「資本の部」という呼び名が「純資産の部」に変わっただけでなく、会社法施行前に「負債の部」にあった「新株予約権」や負債と資本の中間項目だった「少数株主持分」も「純資産の部」に入ってきました。つまり、会社法施行前の「資本の部」と現在の「純資産の部」では額が違うのです。

さらにややこしいのは、会社法施行後の「純資産の部」の中に、資本金と留保利益をまとめて「Ⅰ．株主資本」という表記が表れたのです。そこで、会社法施行後

73

の純資産の部の中で、以前「株主資本」と呼ばれていた部分に相当する部分を新たに「自己資本」と呼ぶことにしました。

つまり、会社法施行前の「株主資本」と会社法施行後の「自己資本」がほぼ同じ範囲を指し、会社法施行前の「株主資本」と会社法施行後の「株主資本」は別のものを指しています。ちなみに、会社四季報ではこの「Ⅰ.株主資本」と「Ⅱ.評価・換算差額等」を含んだ「自己資本」のことを「株主持分」と呼んでいます。

ですから、会社法施行前に出版された本で、財務分析指標の計算式に「株主資本」と書かれている項目は「自己資本」と読み替える必要があります。

言葉の詳細な定義としては以上ですが、BSを見て一般的に「自己資本」と「他人資本」という場合は、自己資本は純資産の部を指し他人資本は負債の部を指すことが多いようです。借金の部分である負債の部をなぜ他人資本と言うかといえば、あるお金を「元手」に事業を興すというような場合の「元手」のような意味で「資本」ということばを使っているからです。

「会社は株主のもの」という資本主義の論理でいえば、株主は先ず自己資本としての資本金を元手にして、それに借入金などの他人資本も加え、それら自己資本と他

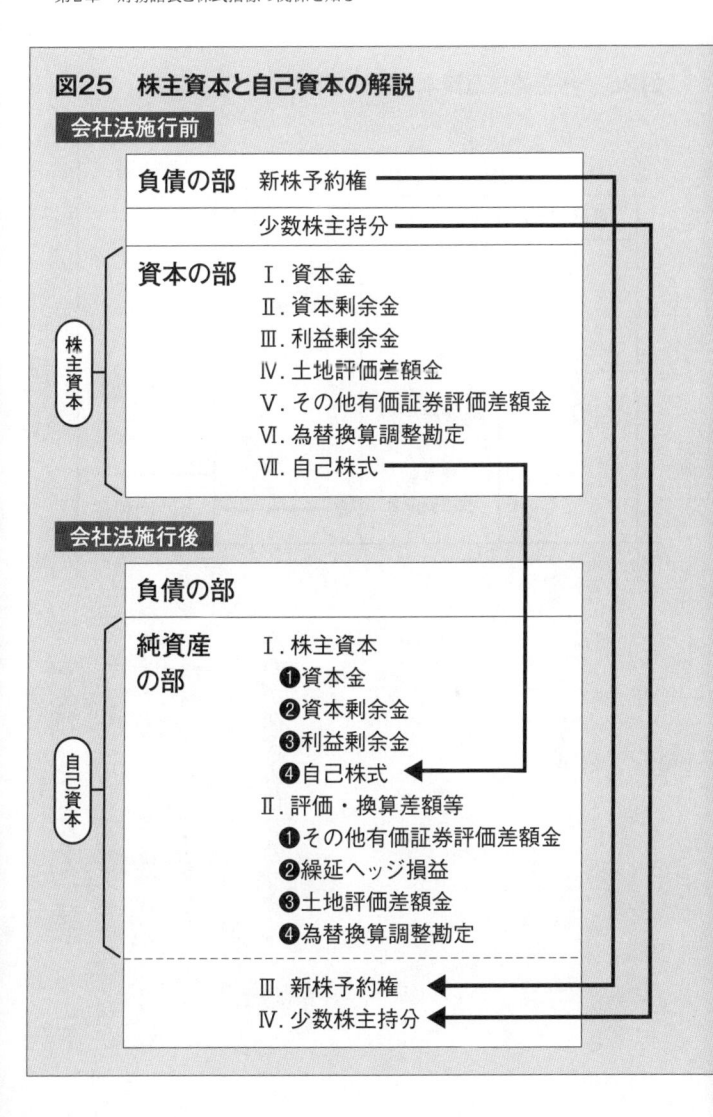

第2章 財務諸表と株式指標の関係を知る

図25　株主資本と自己資本の解説

会社法施行前

負債の部　新株予約権
　　　　　少数株主持分

資本の部　Ⅰ. 資本金
　　　　　Ⅱ. 資本剰余金
　　　　　Ⅲ. 利益剰余金
　　　　　Ⅳ. 土地評価差額金
　　　　　Ⅴ. その他有価証券評価差額金
　　　　　Ⅵ. 為替換算調整勘定
　　　　　Ⅶ. 自己株式

（株主資本）

会社法施行後

負債の部

純資産の部
Ⅰ. 株主資本
　❶資本金
　❷資本剰余金
　❸利益剰余金
　❹自己株式
Ⅱ. 評価・換算差額等
　❶その他有価証券評価差額金
　❷繰延ヘッジ損益
　❸土地評価差額金
　❹為替換算調整勘定

Ⅲ. 新株予約権
Ⅳ. 少数株主持分

（自己資本）

図26 株主の自己資本を増やす構図

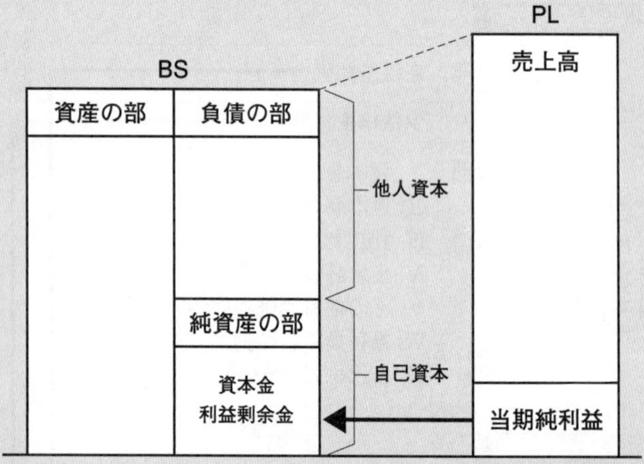

BS		PL
資産の部	負債の部	売上高
	（他人資本）	
	純資産の部	
	資本金 利益剰余金 ←	当期純利益
	（自己資本）	

人資本を使って資産を調達し、その資産をうまく活用して売上高を作り利益をあげます。その利益がBSの自己資本に積み上げられて株主の自己資本がどんどん増えていくという形になっているのが株式会社なのです。

第3章

図解分析で
企業と業界力が見えてくる

これから、第1章・第2章で説明してきた財務分析の方法並びに財務諸表と株価指標の関係をベースにして様々な業界の分析をしていきます。

業界の分類は『2009年版 産業別財務データハンドブック』（株式会社日本政策投資銀行・編）で採用されている分類にしたがっています。また、各業界で採り上げた企業は『産業別財務データハンドブック』で採り上げられている企業の中から、基本的に売上高の大きい4社もしくは2社を採り上げています。ただ、合併などで財務データの連続性がない企業などは採り上げていない場合もあります。第3章では16業種56社を採り上げました。

なお、本書で使用しているデータや作図上のデータ取り扱いの注意事項については193ページの〈コラム〉「使用したデータに関する注意事項」にまとめてあります。

① 放送

利益漸減のテレビ業界

テレビ業界は、株式会社フジ・メディア・ホールディングス（フジテレビ）、株式会社東京放送（TBS）、日本テレビ放送網株式会社（日本テレビ）、テレビ朝日株式会社（テレビ朝日）の4社を採り上げました。

では4社のPLとBSを同じ縮尺で並べてみましょう。80～81ページの図27です。テレビ業界のPLとBSの特徴は各社共に巨額の利益剰余金が積み上がっていて借金が少ないことです。日本テレビとテレビ朝日にいたっては有利子負債が「0」になっています。完全な無借金経営です。過去にかなり良好な経営環境が続いてきたことが伺えます。

図28が示すように過去5年間の売上高はほぼ横ばいです。ところが経常利益は各社ともに右肩下がり。特に2007年以降は急激な下降線をたどっています。巷で言われるテレビ業界における広告収入の急激な落ち込みが財務諸表に表れています。

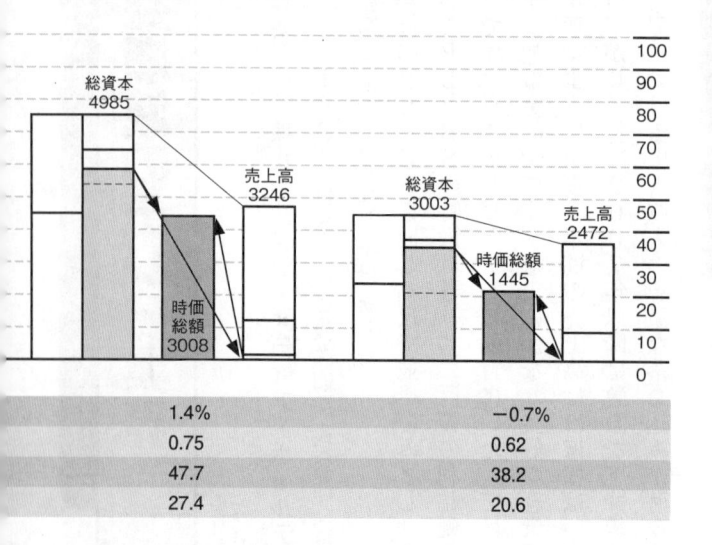

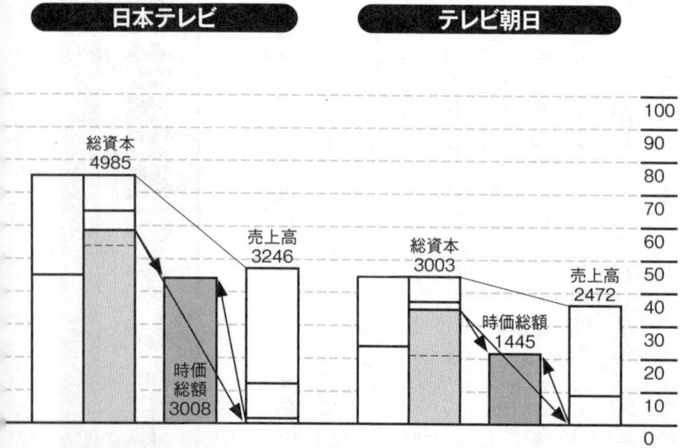
日本テレビ
テレビ朝日
総資本
4985
売上高
3246
時価
総額
3008
総資本
3003
売上高
2472
時価総額
1445
100
90
80
70
60
50
40
30
20
10
0

1.4%	−0.7%
0.75	0.62
47.7	38.2
27.4	20.6

図28　テレビ業界の売上高推移

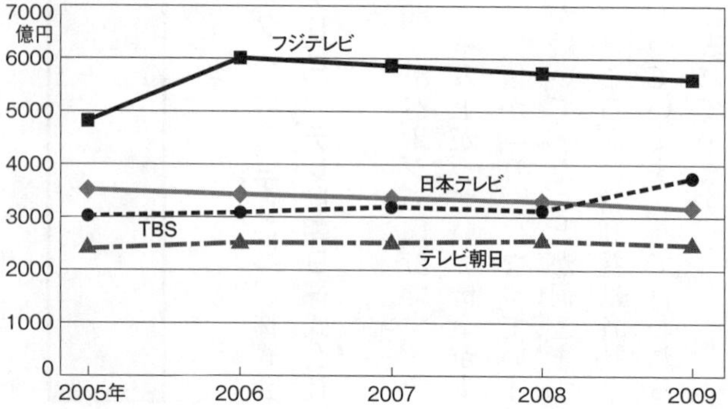
7000
億円
6000
5000
4000
3000
2000
1000
0
フジテレビ
日本テレビ
TBS
テレビ朝日
2005年
2006
2007
2008
2009

図27　テレビ業界のPLとBS（単位:億円）2009年3月期

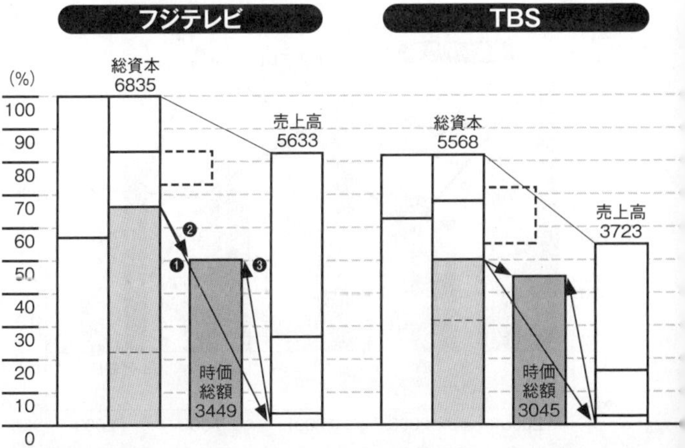
フジテレビ
TBS
(%)
100
90
80
70
60
50
40
30
20
10
0
総資本
6835
❷
❶
❸
時価
総額
3449
売上高
5633
総資本
5568
時価
総額
3045
売上高
3723

	フジテレビ	TBS
❶ROE	3.7%	0.5%
❷PBR	0.75	0.92
❸PER（高値）	32.0	146.9
PER（安値）	18.4	61.2

図29　テレビ業界の経常利益推移

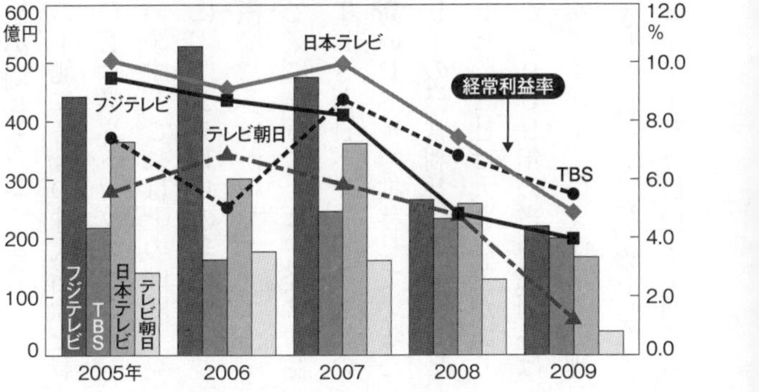
600
億円
500
400
300
200
100
0
12.0
%
10.0
8.0
6.0
4.0
2.0
0.0
日本テレビ
フジテレビ
テレビ朝日
経常利益率
TBS
フジテレビ
TBS
日本テレビ
テレビ朝日
2005年
2006
2007
2008
2009

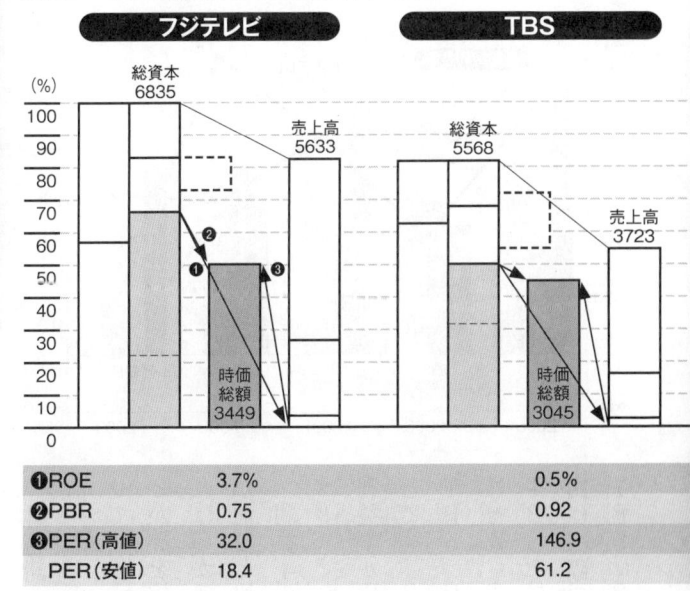

図30 テレビ業界の当期純利益推移

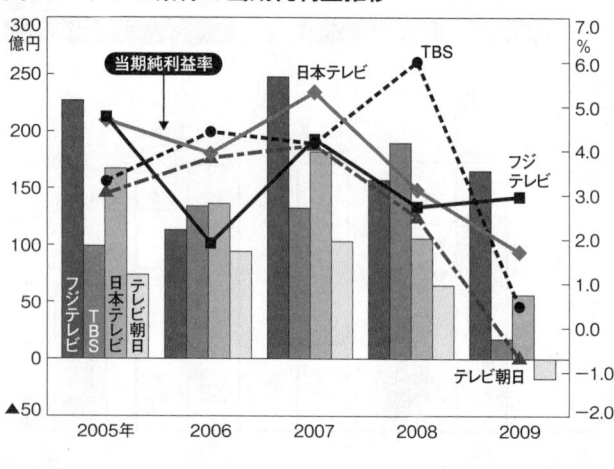

財務諸表と株価の関係を見てみましょう。前ページの図27の下側に各社の株式指標を載せています。ROEは業界トップのフジテレビが群を抜いています。これは上の図30を見ればわかるように、フジテレビの当期純利益が他社と比べて極端に多いからです。

利益率の推移で気になることは、経常利益ベースでいえばTBSと日本テレビの2社の利益率が比較的高いレベルで推移していることです。2009年の経常利益はフジテレビ、TBS、日本テレビの3社は大きな差がありません。ところが2009年の当期純利益はTBSだけが極端に下がっています。この理由は実際のPLを見ればすぐにわかります。TBSは2009年に100億円を上回る有

第3章　図解分析で企業と業界力が見えてくる

❶ 放送

価証券評価損を計上しているからです。

PBRを見てみましょう。図27を見てください。純資産との関係から見ればTBSの時価総額が比較的高くなっています。PBRが0.92でトップです。広告収入が激減している業界にあってTBSだけが2009年の売上高が上がり、経常利益率がトップであることなども株価に影響しているのかもしれません。この株価の高さと今期の当期純利益の少なさが影響してかTBSのPERは他社と比較して極端に高くなっています。「ドラマのTBS」の復活ということなのでしょうか。そういえば、「MR.BRAIN」や「JIN―仁―」など、最近のTBSのドラマはヒットしているような気がします。

この業界でもう少し細かく財務諸表を見てみたくなるのはTBSと日本テレビです。売上高は同じくらいの規模ですが、TBSは2009年に売上高も経常利益でも日本テレビを抜いています。ただ、利益剰余金は日本テレビの方が多く、日本テレビは有利子負債は「0」です。

次ページからの図31と図32はTBSと日本テレビの2005年3月期と2009年3月期のPLとBSを細かく比較したものです。TBSの2009年3月期の総資本5568億円を100％としてすべて同じ縮尺で作図しています。

83

【TBS】2009年3月期

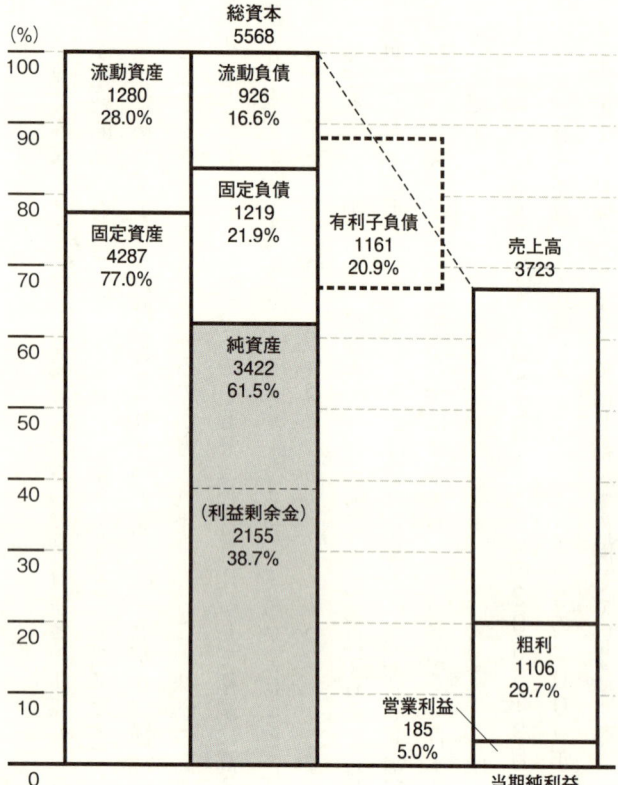

(%)

	総資本 5568		
流動資産 1280 28.0%	流動負債 926 16.6%		
	固定負債 1219 21.9%	有利子負債 1161 20.9%	売上高 3723
固定資産 4287 77.0%	純資産 3422 61.5%		
	(利益剰余金) 2155 38.7%		
			粗利 1106 29.7%
		営業利益 185 5.0%	
			当期純利益 17(0.4%)

ROE	0.5%	ROE（2）	0.5%
レバレッジ比率	33.9%	レバレッジ比率（2）	34.3%
総資本回転率	0.67		
当期純利益率	0.4%		

第3章 図解分析で企業と業界力が見えてくる

❶ 放送

図31　TBSの期間比較 (単位:億円)

【TBS】2005年3月期

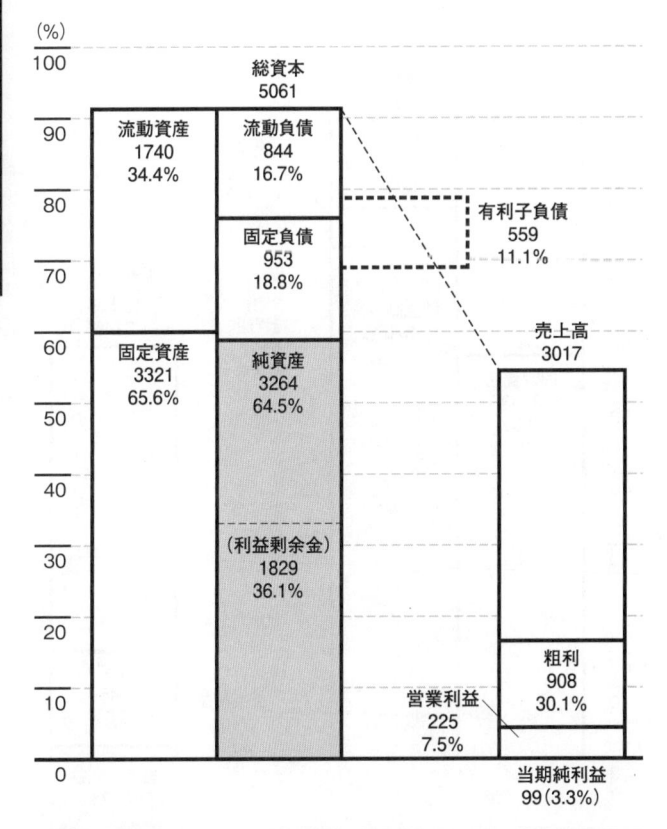

(%)

- 総資本 5061
- 流動資産 1740　34.4%
- 流動負債 844　16.7%
- 固定負債 953　18.8%
- 有利子負債 559　11.1%
- 固定資産 3321　65.6%
- 純資産 3264　64.5%
- (利益剰余金) 1829　36.1%
- 売上高 3017
- 粗利 908　30.1%
- 営業利益 225　7.5%
- 当期純利益 99 (3.3%)

ROE	3.0%	ROE(2)	3.0%
レバレッジ比率	17.1%	レバレッジ比率(2)	15.5%
総資本回転率	0.60		
当期純利益率	3.3%		

85

【日本テレビ】2009年3月期

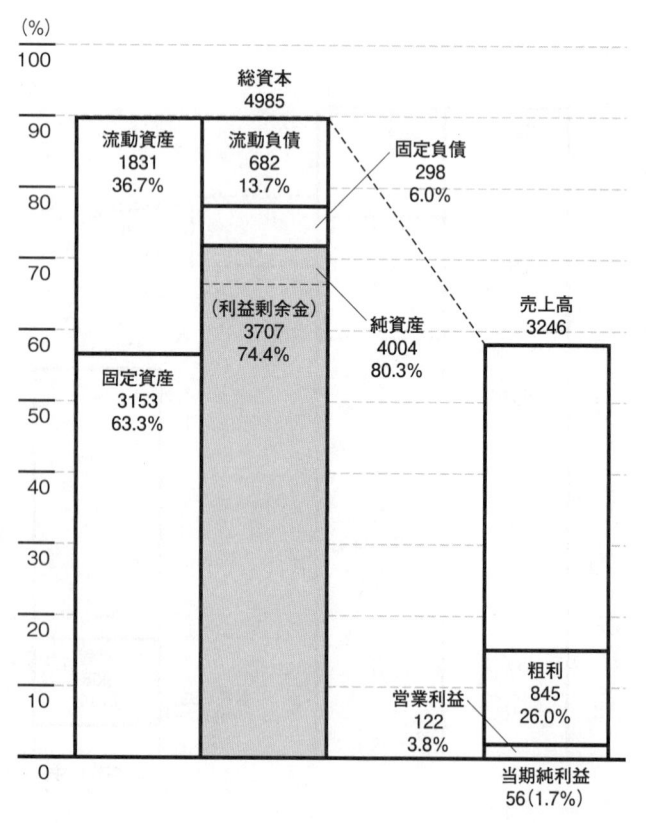

項目	値	割合
総資本	4985	
流動資産	1831	36.7%
固定資産	3153	63.3%
流動負債	682	13.7%
固定負債	298	6.0%
純資産	4004	80.3%
(利益剰余金)	3707	74.4%
売上高	3246	
粗利	845	26.0%
営業利益	122	3.8%
当期純利益	56	1.7%

ROE	1.4%	ROE(2)	1.4%
レバレッジ比率	0.0%		
総資本回転率	0.65		
当期純利益率	1.7%		

❶ 放送

第3章 図解分析で企業と業界力が見えてくる

図32 日本テレビの期間比較（単位:億円）
【日本テレビ】2005年3月期

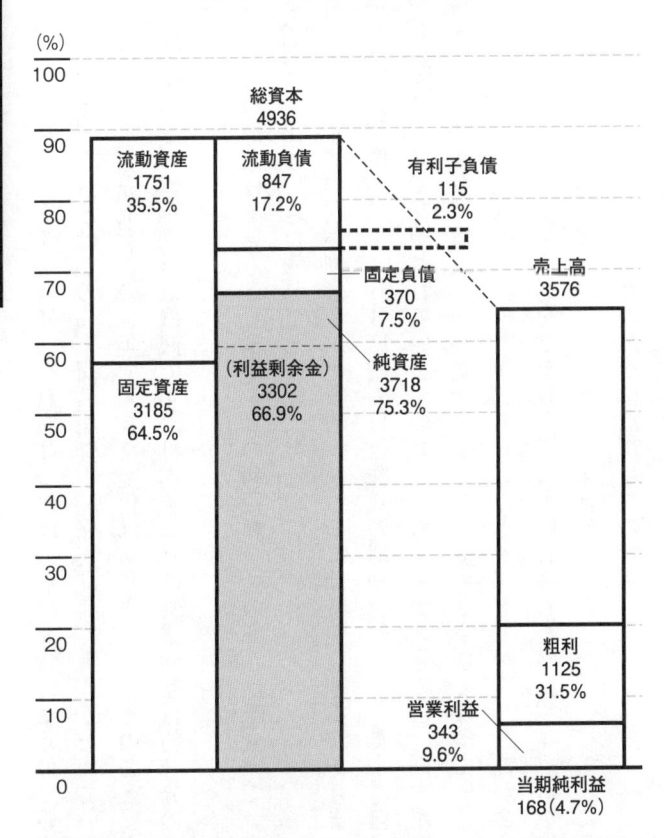

(%)

- 総資本 4936
- 流動資産 1751 35.5%
- 流動負債 847 17.2%
- 有利子負債 115 2.3%
- 固定負債 370 7.5%
- 売上高 3576
- 固定資産 3185 64.5%
- （利益剰余金）3302 66.9%
- 純資産 3718 75.3%
- 粗利 1125 31.5%
- 営業利益 343 9.6%
- 当期純利益 168 (4.7%)

ROE	4.5%	ROE（2）	4.6%
レバレッジ比率	3.1%		
総資本回転率	0.72		
当期純利益率	4.7%		

87

ご覧いただければわかるように、これら4つの図の形は非常によく似ています。大きな違いといえば、TBSはこの5年間に総資本・売上高共に大きくなっていますが、日本テレビは総資本も売上もこの5年で大きな変化はありません。そのことにもよるのでしょうが、TBSの営業利益は微減ですが日本テレビの営業利益は約3分の1に激減しています。

ただ、BSの形だけを見ると日本テレビの利益剰余金の多さは際立っています。過去に大きな利益を出してきた表れでしょう。

なお、フジテレビの利益剰余金が比較的少ないのには特別な理由があります。フジテレビは2006年度中に1453億円の自己株式の消却を行っています。自己株式は純資産の部にマイナスで記載されていますので、このマイナス分の自己株式が消却されたことにより資本剰余金16億円と利益剰余金1437億円が少なくなっています。

ニッポン放送の株式取得に絡み、フジテレビとライブドアが争ったのが2005年です。フジテレビはニッポン放送を2006年に吸収合併した際に、ニッポン放送が保有していたフジテレビの株式を自己株式として保有していました。そして、この株式を資本効率の向上と株主利益の増進のために消却したのです。

②医薬品
がっちり利益を貯めこむ医薬品業界

医薬品業界は、**武田薬品工業株式会社、エーザイ株式会社、アステラス製薬株式会社、第一三共株式会社**の4社を採り上げました。アステラス製薬は2005年4月に山之内製薬と藤澤薬品工業が合併して発足した会社であり、第一三共は2005年9月に三共と第一製薬が経営統合して発足した会社です。

これら4社のPLとBSを同じ縮尺で並べてみたのが90～91ページの図33です。資産規模的にいえば武田薬品が群を抜いています。医薬品業界の特徴は各社共に莫大な利益剰余金を積み上げていることと粗利率が極端に高いことです。テレビ業界も医薬品業界も利益剰余金が多い業界でしたが、全ての業界で同じことがいえるわけではありません。

医薬品業界の各社が莫大な利益剰余金を積み上げていて粗利率が高いのには理由があります。医薬品業界は巨額の開発資金が必要な業界だからです。

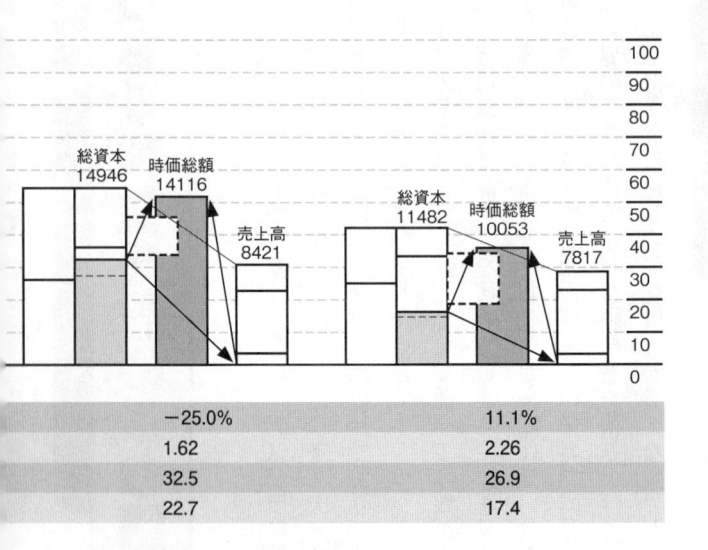

第一三共	エーザイ
総資本 14946 / 時価総額 14116 / 売上高 8421	総資本 11482 / 時価総額 10053 / 売上高 7817
−25.0%	11.1%
1.62	2.26
32.5	26.9
22.7	17.4

図34 医薬品業界の売上高推移

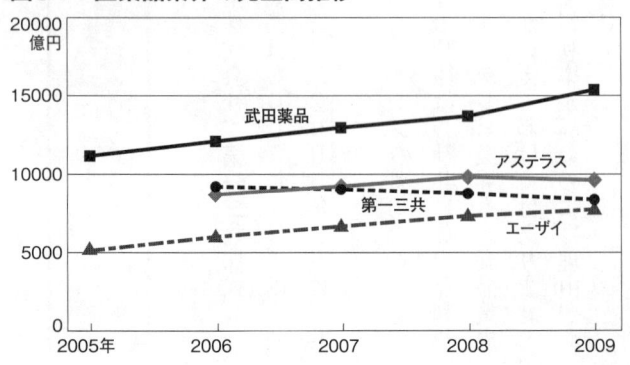

第3章 図解分析で企業と業界力が見えてくる

❷ 医薬品

図33 医薬品業界のPLとBS（単位:億円）2009年3月期

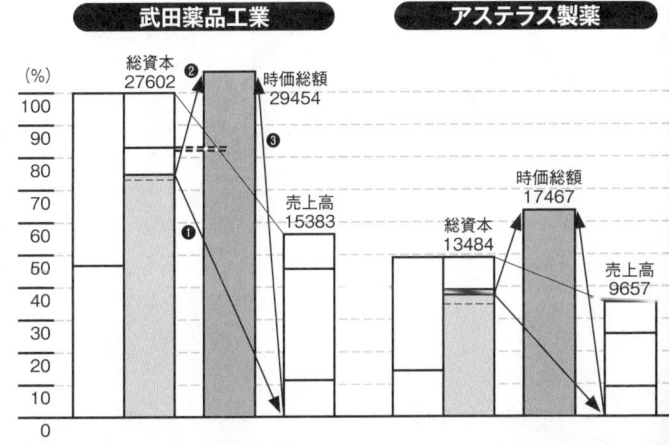

武田薬品工業 / **アステラス製薬**

- 武田薬品工業：総資本 27602、時価総額 29454、売上高 15383
- アステラス製薬：総資本 13484、時価総額 17467、売上高 9657

	武田薬品工業	アステラス製薬
❶ROE	11.7%	16.6%
❷PBR	1.46	1.68
❸PER（高値）	21.0	17.6
PER（安値）	13.0	11.5

図35 医薬品業界の経常利益推移

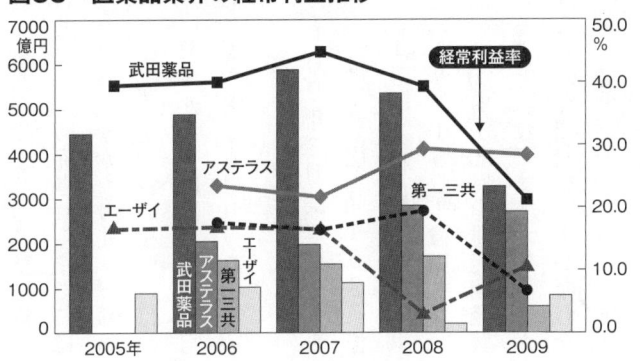

図36　医薬品業界の当期純利益推移

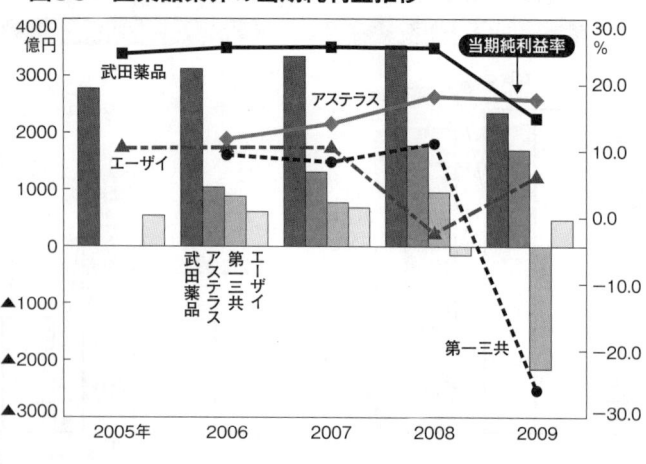

開発が成功して新薬が生まれる確率は極めて低い上に、新薬として販売されるまでには国の審査にかなりの時間がかかります。銀行は一般的にリスクが高く足の長い投資にはお金を出しません。ですから、医薬品業界は自前でお金を貯めこんでおかなければならないのです。

ちなみに、2009年3月期に計上されている研究開発費は、武田薬品4530億円、アステラス1590億円、第一三共1845億円、エーザイ1561億円となっています。売上高の20％〜30％を研究開発費として使っていることになります。粗利率が極端に高いのはこの研究開発費をまかなわなければならないからです。

第3章 図解分析で企業と業界力が見えてくる

では次にPLの推移を見てみましょう。売上高は武田薬品とエーザイが順調に売上を伸ばしているのに対してアステラス及び第一三共は横ばいないしは微減となっています（図35、図36）。経常利益と当期純利益の推移を見るとアステラスの好調さが目につきます。2009年3月期では経常利益率も当期純利益率も業界トップになり金額的にも武田薬品に迫っています。ただ、医薬品業界では新薬の特許切れが相次ぐ「2010年問題」があり、今後がどうなるかは不透明なところがあります。

なお、第一三共の2009年3月期の当期純利益が大幅なマイナスになっているのは、株式取得により子会社化したランバクシー・ラボラトリーズLtd.に係わる「のれん」3514億円を特別損失として償却した影響です。

医薬品業界では業界トップの武田薬品と業界4位のエーザイの財務諸表を比較しておきましょう。規模の違いは91ページの図33を見ればわかりますので、ここでは各社別々にそれぞれの会社の2009年3月期の総資本を100％としてPLとBSの形状の変化を比較してみましょう。

武田薬品の2005年と2009年を比較してすぐ目に付くのは固定資産の増加です。

【武田薬品】2009年3月期

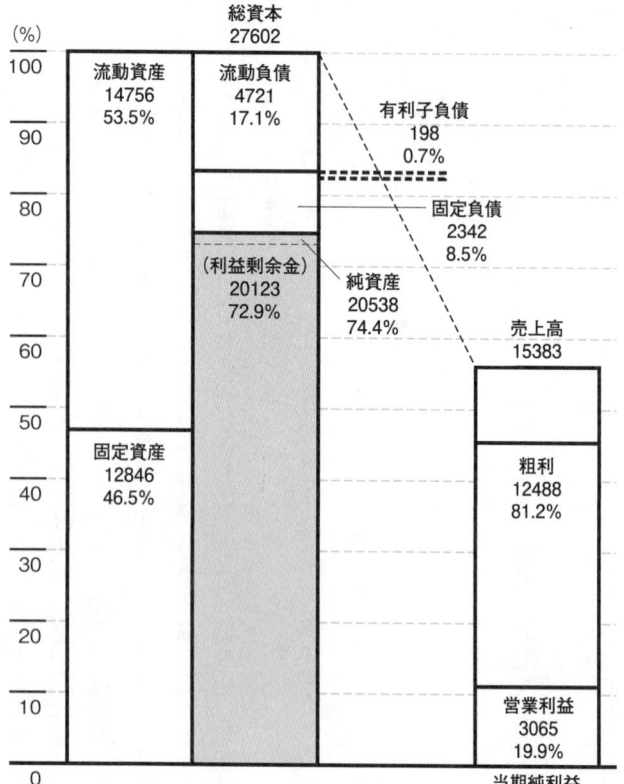

(%)

- 総資本 27602
- 流動資産 14756 53.5%
- 流動負債 4721 17.1%
- 有利子負債 198 0.7%
- 固定負債 2342 8.5%
- （利益剰余金） 20123 72.9%
- 純資産 20538 74.4%
- 固定資産 12846 46.5%
- 売上高 15383
- 粗利 12488 81.2%
- 営業利益 3065 19.9%
- 当期純利益 2344 (15.2%)

ROE	11.4%	ROE(2)	11.7%
レバレッジ比率	1.0%	レバレッジ比率(2)	0.8%
総資本回転率	0.56		
当期純利益率	15.2%		

第3章　図解分析で企業と業界力が見えてくる

❷ 医薬品

図37　武田薬品の期間比較（単位:億円）
【武田薬品】2005年3月期

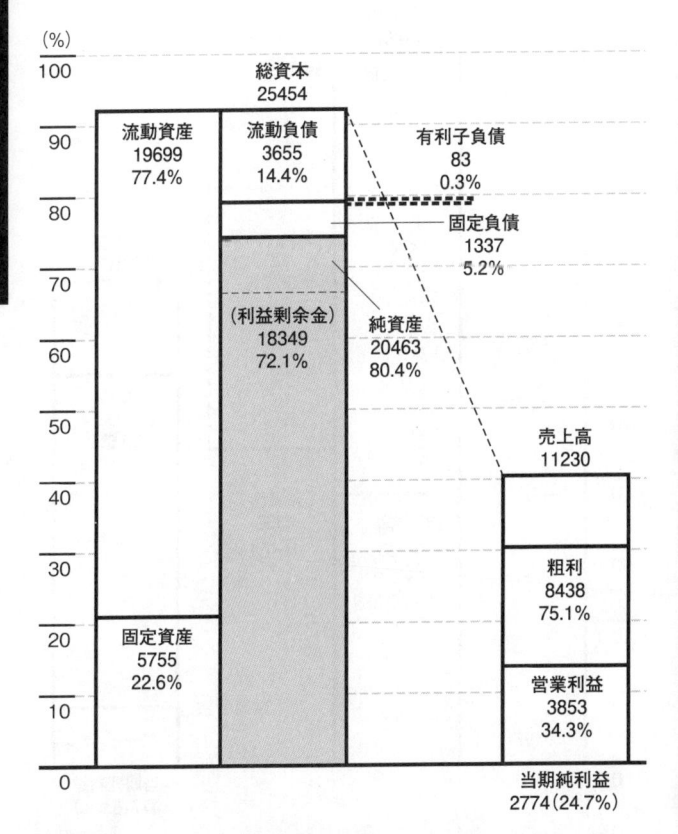

項目	金額・比率
総資本	25454
流動資産	19699　77.4%
流動負債	3655　14.4%
有利子負債	83　0.3%
固定負債	1337　5.2%
（利益剰余金）	18349　72.1%
純資産	20463　80.4%
固定資産	5755　22.6%
売上高	11230
粗利	8438　75.1%
営業利益	3853　34.3%
当期純利益	2774（24.7%）

ROE	13.6%	ROE（2）	13.9%
レバレッジ比率	0.4%		
総資本回転率	0.44		
当期純利益率	24.7%		

【エーザイ】2009年3月期

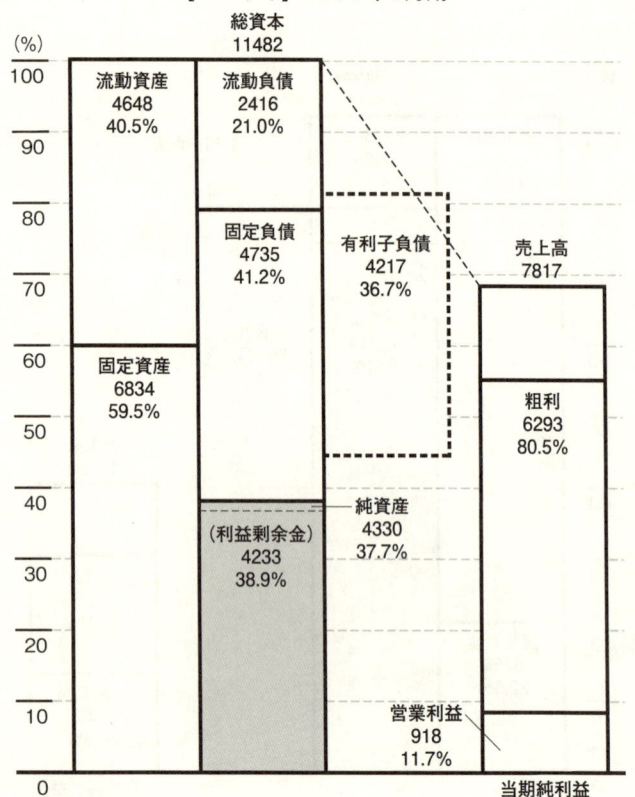

項目	値
総資本	11482
流動資産	4648 (40.5%)
固定資産	6834 (59.5%)
流動負債	2416 (21.0%)
固定負債	4735 (41.2%)
（利益剰余金）	4233 (38.9%)
有利子負債	4217 (36.7%)
純資産	4330 (37.7%)
売上高	7817
粗利	6293 (80.5%)
営業利益	918 (11.7%)
当期純利益	477 (6.1%)

ROE	11.0%	ROE（2）	11.1%
レバレッジ比率	97.4%	レバレッジ比率（2）	90.4%
総資本回転率	0.68		
当期純利益率	6.1%		

第3章　図解分析で企業と業界力が見えてくる

❷ 医薬品

図38　エーザイの期間比較（単位:億円）
【エーザイ】2005年3月期

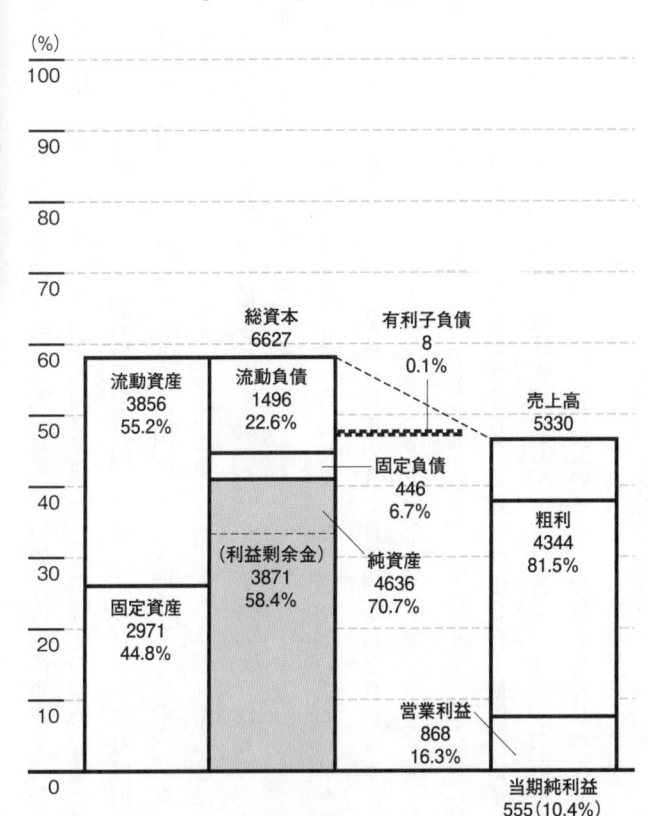

(%)

	総資本 6627	有利子負債 8 0.1%	
流動資産 3856 55.2%	流動負債 1496 22.6%		売上高 5330
	固定負債 446 6.7%		
	（利益剰余金） 3871 58.4%	純資産 4636 70.7%	粗利 4344 81.5%
固定資産 2971 44.8%			
		営業利益 868 16.3%	
			当期純利益 555（10.4%）

ROE	11.8%	ROE（2）	12.1%
レバレッジ比率	0.2%		
総資本回転率	0.80		
当期純利益率	10.4%		

固定資産は「有形固定資産」「無形固定資産」「投資その他の資産」に分かれます。実際のBSを見ればわかりますが、変化したのは「無形固定資産」と「投資その他の資産」に大きな変化はありません。変化したのは「無形固定資産」です。2005年に81億円だった「無形固定資産」が2009年には7477億円になっています。その内訳も「のれん」が2844億円、「特許権」が4541億円となっています。「のれん」とは企業買収などにおいて相手先企業を帳簿価格より高く買ったプレミアムのようなものです。「のれん」「特許権」共に技術の獲得に伴うものでしょう。

エーザイはこの5年間に資産・売上共に大きくなっています。エーザイの固定資産の伸びも「無形固定資産」です。2005年の370億円から2009年には3842億円に増えています。有利子負債が極端に増えていますから、借金をして企業買収や技術取得を行ってきたのでしょう。PLの費用も増えています。ちなみに研究開発費は2005年に783億円だったものが2009年には1561億円に倍増しています。

医薬品業界では各社共に開発負担が増大してきています。また、買収や技術導入に巨額の資金を投じていることがBSにも表れています。今後も世界レベルで再編の動きが活発化してくるかもしれません。

③ 海運・航空運輸

海運と空運の差は歴然

海運業界と航空業界を一緒に比較してみましょう。海運大手の**日本郵船株式会社**と**株式会社商船三井**と、航空業界の**株式会社日本航空（JAL）**と**全日本空輸株式会社（ANA）**です。海運2社と航空2社の資産規模に大きな差はありませんが、業績には大きな差があるといわざるを得ません。

これら4社のPLとBSを同じ縮尺で並べたのが100〜101ページの図39です。海運業界の2社と航空業界の2社のPLとBSはよく似た形をしています。海運は船舶、航空は航空機という巨額の資産を活用してビジネスを行っている設備産業です。設備産業では一般的ですが、かなりの借金を抱えて事業を行っています。

ただ、これらの2つの業界を比較して極めて明白なのが利益剰余金の額です。航空業界の利益剰余金は極端に少なくなっています。

JAL	ANA

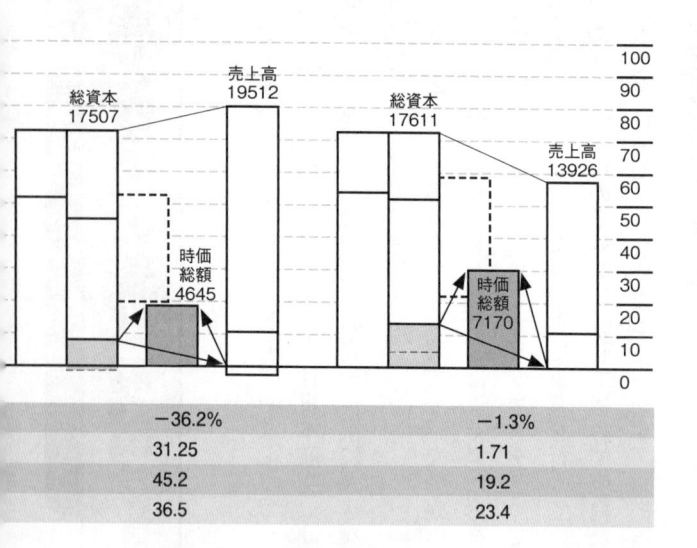

総資本 17507
売上高 19512
時価総額 4645

総資本 17611
売上高 13926
時価総額 7170

	JAL	ANA
	−36.2%	−1.3%
	31.25	1.71
	45.2	19.2
	36.5	23.4

図40　海運・航空業界の売上高推移

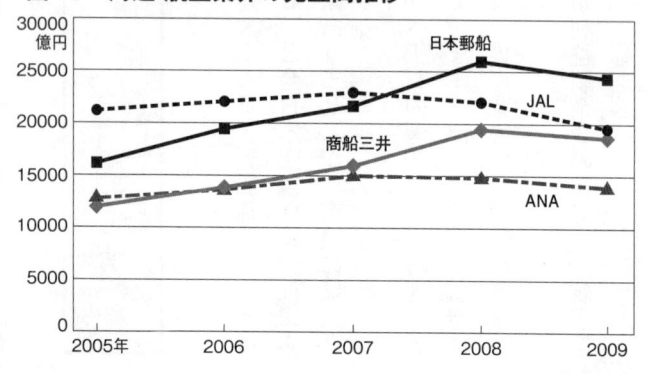

(グラフ：日本郵船、JAL、商船三井、ANA　2005年〜2009年)

100

第3章 図解分析で企業と業界力が見えてくる

❸ 海運・航空運輸

図39　海運・航空業界のPLとBS (単位：億円) 2009年3月期

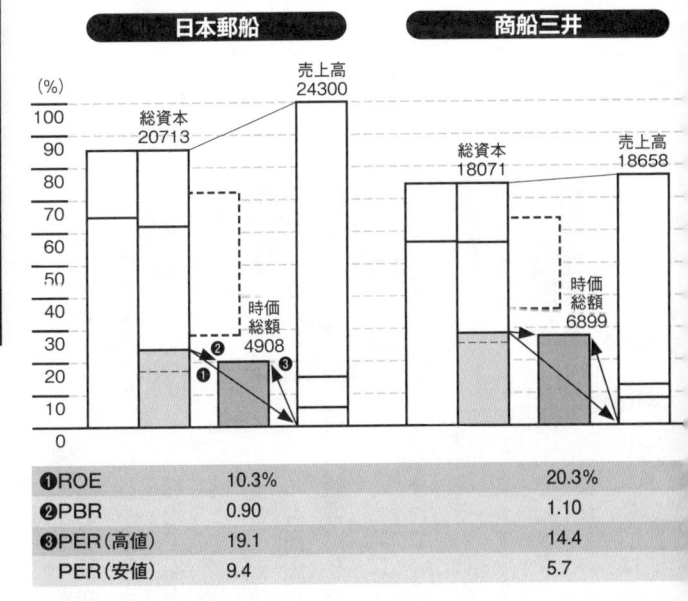

日本郵船　　　**商船三井**

日本郵船：総資本 20713／売上高 24300／時価総額 4908
商船三井：総資本 18071／売上高 18658／時価総額 6899

	日本郵船	商船三井
❶ROE	10.3%	20.3%
❷PBR	0.90	1.10
❸PER（高値）	19.1	14.4
PER（安値）	9.4	5.7

図41　海運・航空業界の経常利益推移

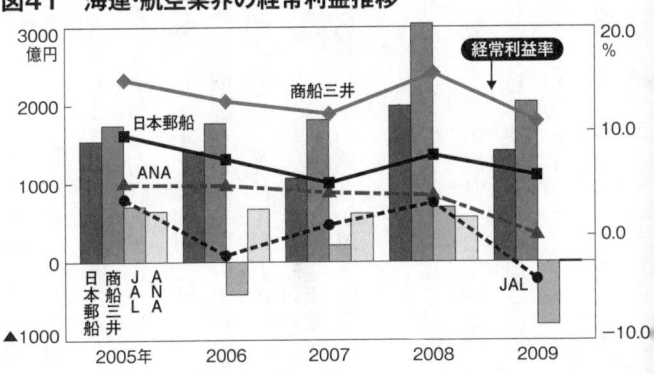

（商船三井、日本郵船、ANA、JAL の2005年～2009年の経常利益および経常利益率の推移グラフ）

101

図42　海運・航空業界の当期純利益推移

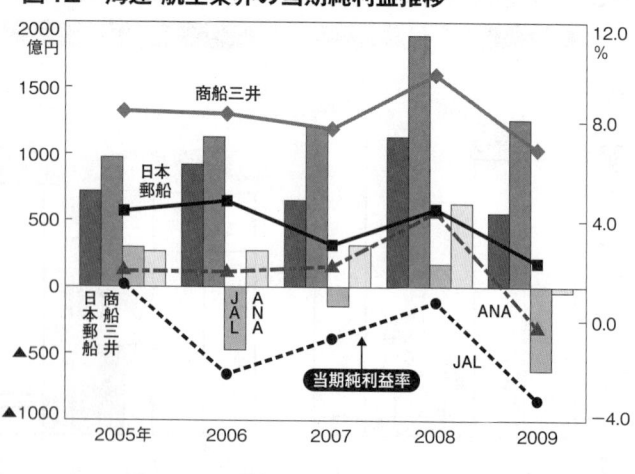

利益剰余金が少ないということは過去の利益の蓄積が少ないということです。売上と利益の推移を見てみましょう。海運業界の売上は2009年を除きずっと右肩あがりでしたが、航空業界は横ばいもしくは微減です。利益率は経常利益・当期純利益ともにいずれの年も商船三井、日本郵船、ANA、JALの順番になっています。航空2社の利益率が悪く、特にJALの利益率の悪さが浮き彫りになっています。

それにしても商船三井の利益率の高さは際立っています。効率の良い経営をしているのでしょう。それがROEやPBRの高さにも表れているのだと思われます。

今回はこの商船三井を例にとって2005

図43　商船三井のCSの推移（単位:億円）

	2005	2006	2007	2008	2009	5年計
営業CF	1679	1639	1564	2836	1190	8908
投資CF	▲877	▲1551	▲1360	▲2601	▲1900	▲8289
財務CF	▲796	18	▲291	▲117	1009	▲177

　年から2009年にPLとBSがどう変わったか、特にリーマンショック前後の2008年と2009年の差を明確にしながら説明してみましょう。また、CSの推移をみながらPLとBSの変化を見てみると会社の動きが見えてきます。

　次のページの図44を見てください。上段の図は2005年から2008年への変化です。PLとBSは大きく成長しています。総資本回転率は改善し、規模が大きくなっても営業利益率はあまり変化していません。

　有利子負債もほとんど増えていません。これは上図のCSの推移を見ればわかります。これは優良な設備産業の会社にありがちなパターンです。つまり営業キャッシュフローとほぼ同額を投資キャッシュフローに回しています。設備産業は常に設備を最新のものにして競争優位性を確保しておかなければなりません。このように営業キャッシュフローとほぼ同額を投資に回しておけば新たな借金をすることなく設備を最新にできるわけです。

商船三井 2008年3月期

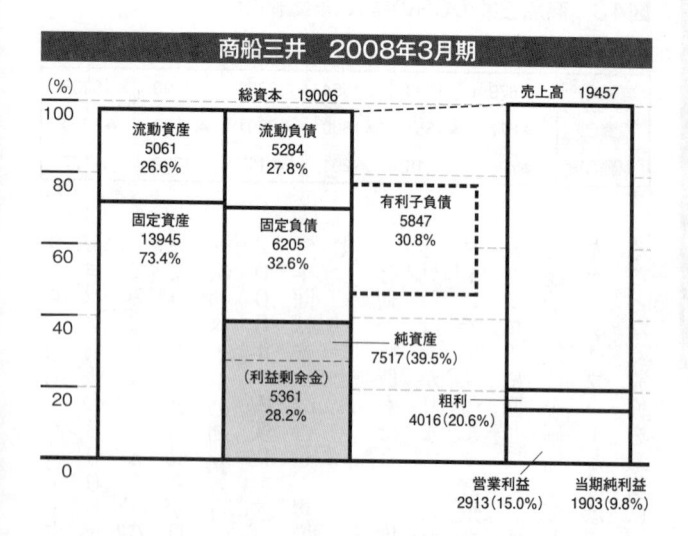

総資本 19006 / 売上高 19457

- 流動資産 5061 (26.6%)
- 固定資産 13945 (73.4%)
- 流動負債 5284 (27.8%)
- 固定負債 6205 (32.6%)
- 有利子負債 5847 (30.8%)
- 純資産 7517 (39.5%)
- (利益剰余金) 5361 (28.2%)
- 粗利 4016 (20.6%)
- 営業利益 2913 (15.0%)
- 当期純利益 1903 (9.8%)

商船三井 2009年3月期

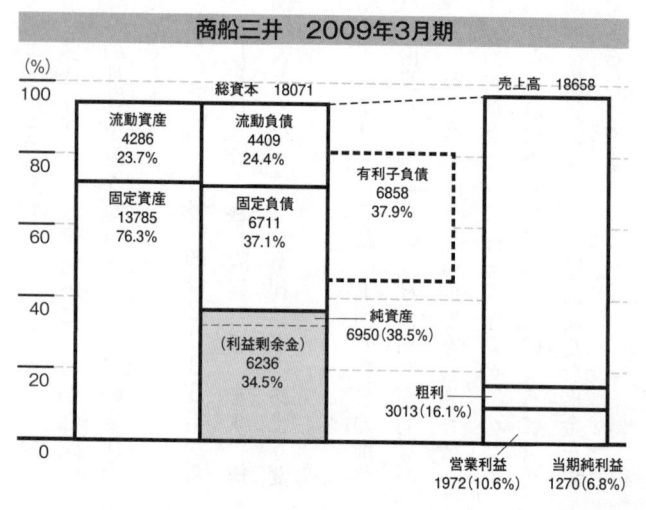

総資本 18071 / 売上高 18658

- 流動資産 4286 (23.7%)
- 固定資産 13785 (76.3%)
- 流動負債 4409 (24.4%)
- 固定負債 6711 (37.1%)
- 有利子負債 6858 (37.9%)
- 純資産 6950 (38.5%)
- (利益剰余金) 6236 (34.5%)
- 粗利 3013 (16.1%)
- 営業利益 1972 (10.6%)
- 当期純利益 1270 (6.8%)

第3章 図解分析で企業と業界力が見えてくる

図44 商船三井のPLとBSの比較（単位：億円）

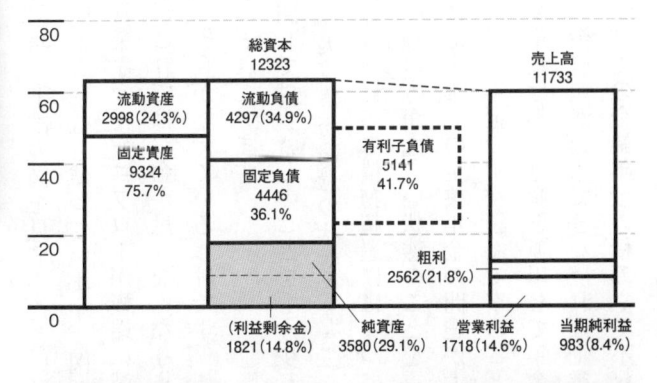

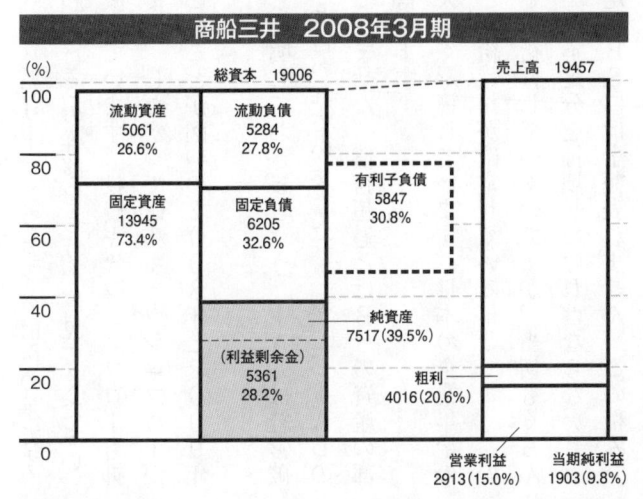

商船三井 2005年3月期

- 流動資産 2998（24.3%）
- 固定資産 9324 75.7%
- 総資本 12323
- 流動負債 4297（34.9%）
- 固定負債 4446 36.1%
- 有利子負債 5141 41.7%
- （利益剰余金）1821（14.8%）
- 純資産 3580（29.1%）
- 売上高 11733
- 粗利 2562（21.8%）
- 営業利益 1718（14.6%）
- 当期純利益 983（8.4%）

商船三井 2008年3月期

- 総資本 19006
- 流動資産 5061 26.6%
- 固定資産 13945 73.4%
- 流動負債 5284 27.8%
- 固定負債 6205 32.6%
- 有利子負債 5847 30.8%
- 純資産 7517（39.5%）
- （利益剰余金）5361 28.2%
- 売上高 19457
- 粗利 4016（20.6%）
- 営業利益 2913（15.0%）
- 当期純利益 1903（9.8%）

前ページの図44の下段の図を見てください。これがリーマンショック前後の差です。2009年は売上も利益も減っています。2009年の営業キャッシュフローが極端に減っています。図43のCSの推移をもう一度見てください。投資キャッシュフローも抑えてはいますがこれではお金が足りなくなります。したがって財務キャッシュフローがプラス、つまり借金が増えているわけです。このことが図44の2008年と2009年の有利子負債に表れています。

航空業界に関してはJALのことをもう少し説明しておきましょう。JALは経営破綻する前から「実質債務超過の状態にある」と言われていました。しかし、JALの2009年のBSを見ても債務超過にはなっていません。債務超過とはBSの資産の部より負債の部の額の方が大きい状態のことを言います。

実は、これにはJALの企業年金の問題が大きく影響しています。日本の企業年金の多くは確定給付型の年金です。読んで字のごとく給付額が確定している年金です。この確定給付型企業年金は年金資産を運用して年金を給付していくのですが、当初もくろんでいた通りに年金資産が運用できなければ企業が不足分を補填しなければならないことになっています。この企業年金の積み立て不足はBSには全額表れません。この積み立

て不足は会計上ある一定の期間に渡って処理すればいいことになっており、JALが粉飾をしているというわけではありません。有価証券報告書の中に退職給付債務に関しての説明があります（2009年3月期の有価証券報告書P.100）。それによるとJALには総額▲3300億円の積み立て不足があります。

このようにPLとBSは会計上のルールや前提、認識に従って作られますので、粉飾をしていなくても正しい企業の姿が表せていない面があります。例えば、設備や建物などを取得すると、それらの設備や建物は、減価償却というある一定のルールに従って価値を減価していくという処理を行い、帳簿上の価値を減額していきますが、帳簿上の価値が実際の設備や建物の市場価値と一致しているわけではないのです。

国土交通省の前原大臣が2009年9月25日にJAL再生タスクフォースを結成しました。このタスクフォースチームが作成したとされる実態バランスシートが週刊ダイヤモンド（2009年11月7日号）に掲載されていましたので、この実態BSをJALの2009年3月期のBSと比較してみましょう。

JALの実態BSの図を説明します。図45の右側の図で、BSの一番下に資本金等3053億円があります。その右側に赤字が積み上げられたマイナスの利益剰余金

【JAL】実態BS（再生タスクフォース）2009年

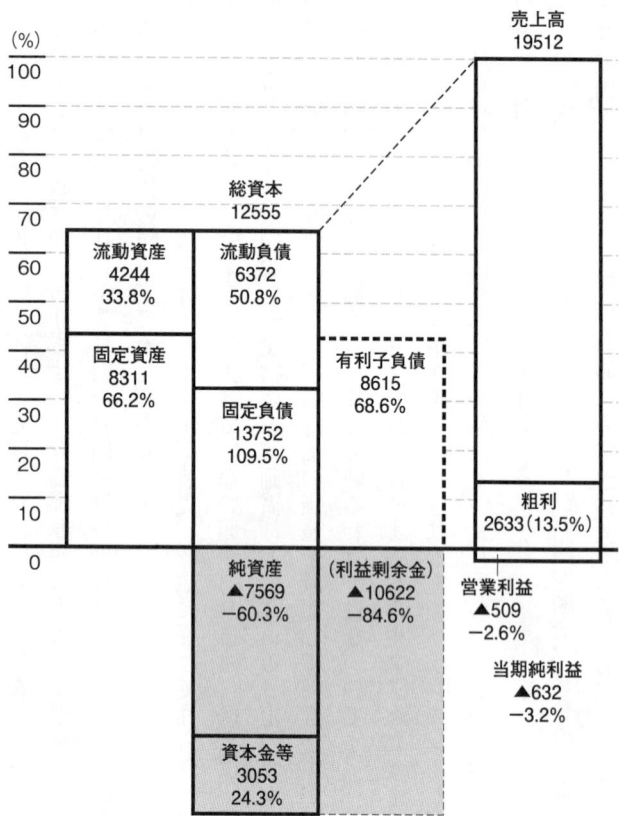

(%)

流動資産 4244 33.8%	総資本 12555 流動負債 6372 50.8%		売上高 19512
固定資産 8311 66.2%	固定負債 13752 109.5%	有利子負債 8615 68.6%	
			粗利 2633 (13.5%)
	純資産 ▲7569 −60.3%	(利益剰余金) ▲10622 −84.6%	営業利益 ▲509 −2.6%
			当期純利益 ▲632 −3.2%
	資本金等 3053 24.3%		

ROE	8.3%	ROE（2）	8.1%
レバレッジ比率	−113.8%	レバレッジ比率（2）	−108.8%
総資本回転率	1.6		
当期純利益率	−3.2%		

第3章　図解分析で企業と業界力が見えてくる

図45　JALの2009年3月期BSと実態BSの比較図（単位：億円）
【JAL】2009年3月期

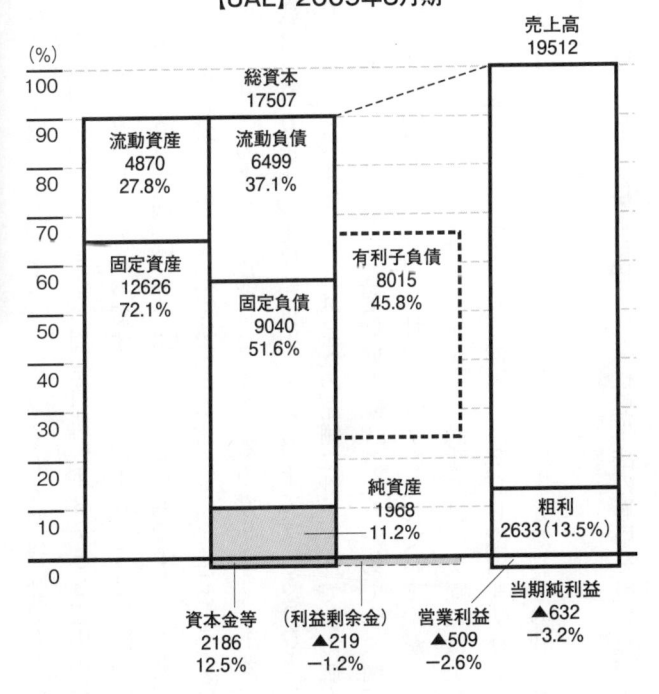

(%)

項目	金額	比率
総資本	17507	
流動資産	4870	27.8%
流動負債	6499	37.1%
固定資産	12626	72.1%
有利子負債	8015	45.8%
固定負債	9040	51.6%
純資産	1968	11.2%
資本金等	2186	12.5%
(利益剰余金)	▲219	-1.2%
売上高	19512	
粗利	2633	(13.5%)
営業利益	▲509	-2.6%
当期純利益	▲632	-3.2%

ROE	-32.1%	ROE(2)	-36.2%
レバレッジ比率	407.3%	レバレッジ比率(2)	457.3%
総資本回転率	1.1		
当期純利益率	-3.2%		

▲10622億円があります。このマイナスの利益剰余金のために純資産合計は▲7569億円になっています。固定負債の13752億円の枠は実際には基準線より下に大きくはみ出しているのですが、この13752億円の固定負債の半分以上を純資産の▲7569億円が食いつぶしている状態です。この実態BSが「JALは実質7500億円規模の債務超過の状態にある」ということを示しています。

では、なぜこのような状態になっているのでしょう。主要な理由は2つ。1つは前述の約3300億円の退職給付引当金の計上です。もうひとつは航空機の評価損が約3700億円あります。これはBSの左側に計上されている航空機の帳簿上の価値より実際の価値が3700億円程度低いと認識されたためです。図45に示した実態BSの中のPLは便宜的に2009年3月期の数字を入れていますが、実際には退職給付費用と固定資産評価損がそれぞれ同じ額（3300億円+3700億円=7000億円）だけPLに費用として計上され利益を圧縮し、そのPLの赤字分がBSの利益剰余金にマイナスとして積み上がっているということなのです。

JALは2010年1月19日に会社更生法の適用を申請し、企業再生支援機構の管理下

図46　JALとANAのCSの推移（単位:億円）

JAL

	2005	2006	2007	2008	2009	5年計
営業CF	1453	1010	1277	1573	318	5631
投資CF	▲215	▲993	▲562	▲262	▲1057	▲3088
財務CF	▲63	▲914	▲530	369	▲1168	▲2306

ANA

	2005	2006	2007	2008	2009	5年計
営業CF	1491	1285	1507	1658	▲398	5623
投資CF	▲1692	▲464	▲1283	▲698	▲1111	▲5250
財務CF	▲516	▲31	▲1009	▲873	1145	▲1285

で再建を進めることが決まりました。2月1日には会長に稲盛和夫氏が、社長に大西賢氏が就任し記者会見を開きました。その中で大西社長は次の3つの経営施策を明確にしました。

1. 航空機材の大幅な刷新の実現
2. 筋肉質且つ柔軟な事業運営体制の実現
3. 戦略実現のためリソースの集中投下

上の図はJALとANAのCSです。ANAは営業キャッシュフローのほぼ全額を投資に回していますが、JALはANAに比べて投資に回すお金が少ないのがわかります。

今回の会社更生法申請で借入金は債権放棄されます。つまり借金の棒引きです。そして、新

たに国のお金が注入されます。このことにより大西社長が掲げる経営施策の第1点が実現されていくでしょう。経営施策の第2点を簡単に言えば、コストを下げ効率を上げるということです。今まで見てきたようにJALの最大の問題点は利益率の低さです。JALは向こう3年間でグループ人員の3割にあたる15600人の人員削減を発表しています。年金の支払額も減額されます。不採算路線からの撤退も含め各種の利益率向上策が実施されていくことでしょう。

事業再生はBSとPLを見ながら行います。BSの右側の借金を減らし、同時にBSの左側の不要な資産を削減します。そして、売上を増やし費用を減らします。既にJALはやるべきことがわかっています。後は再建策が確実に実行できるかどうかだけです。

また、経営の透明性という観点からは、稲盛会長ご自身が彼の著書『稲盛和夫の実学―経営と会計』(日経ビジネス人文庫)で、税法が会計に影響を与えるなどの理由から企業の経営実態が財務諸表に正確に表われない問題を指摘されています。

稲盛氏が会長に就任することにより、稲盛氏の人間を中心にした経営哲学がJAL社内に広まるだけでなく、会計的な数値管理に関しても企業実態を反映した経営が行われることを期待します。

④ スーパー・百貨店

笑うスーパー2強と苦しむ百貨店

　スーパーと百貨店を比較してみましょう。スーパーは株式会社セブン&アイ・ホールディングスとイオン株式会社の2社、百貨店は株式会社三越伊勢丹ホールディングスと株式会社髙島屋の2社、合計4社です。

　今回も同じ縮尺で比較しています。図47のように、スーパーと百貨店には大きな規模の違いがあります。売上の推移を見てみましょう。スーパーはおおむね右肩上がりですが髙島屋の売上高は横ばいです。百貨店業界全体が右肩下がりになっていますから髙島屋は百貨店業界の中では健闘している方です。三越・伊勢丹の統合後の財務諸表は2009年3月期が第1期になっていますので売上推移の図には入っていません。

　経常利益ベースではイオンと髙島屋が3％～4％で推移しています。セブン&アイは業態の違うセブン-イレブンなどが連結されており、経常利益率を単純に比較できない

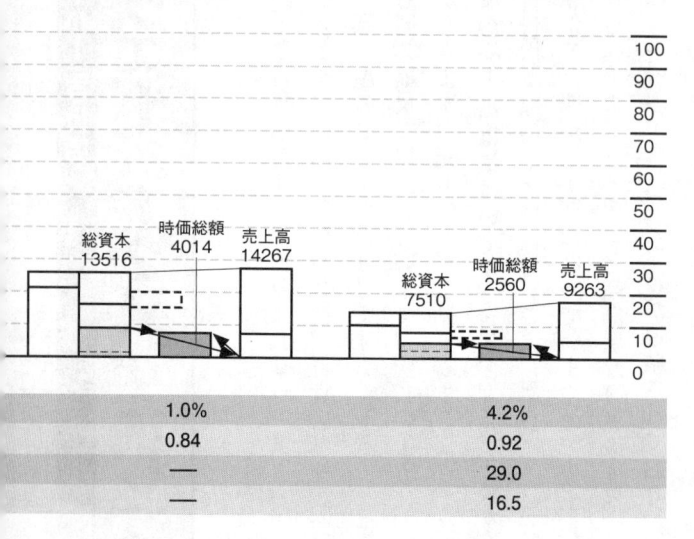

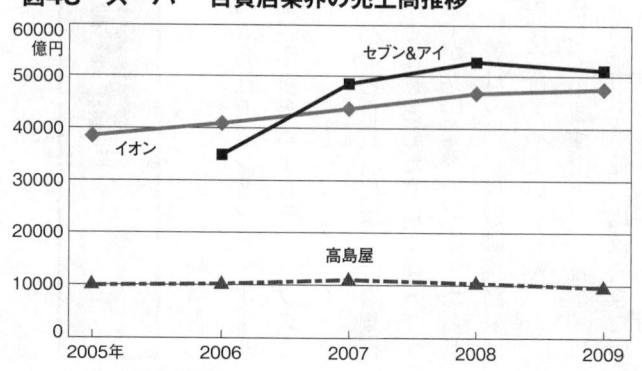

三越伊勢丹 2009年3月期	高島屋
総資本 13516　時価総額 4014　売上高 14267	総資本 7510　時価総額 2560　売上高 9263
1.0%	4.2%
0.84	0.92
—	29.0
—	16.5

図48 スーパー・百貨店業界の売上高推移

（セブン&アイ、イオン、高島屋）

第3章 図解分析で企業と業界力が見えてくる

図47　スーパー・百貨店業界のPLとBS（単位:億円）2009年2月期

セブン&アイ / **イオン**

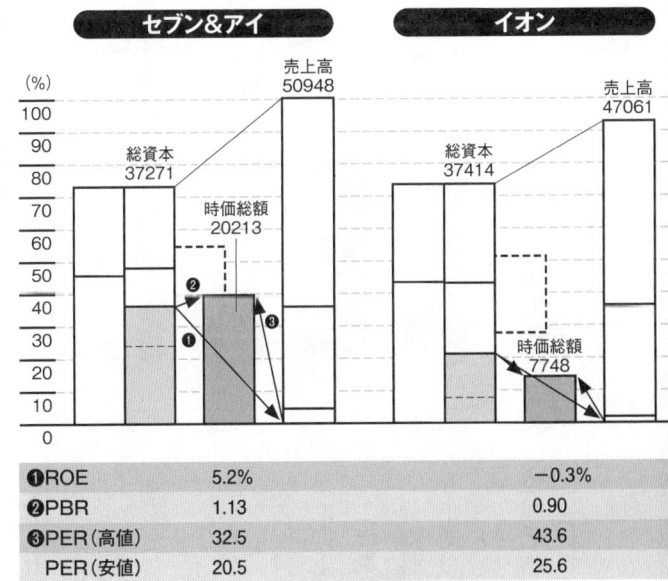

セブン&アイ: 総資本 37271、時価総額 20213、売上高 50948
イオン: 総資本 37414、時価総額 7748、売上高 47061

	セブン&アイ	イオン
❶ROE	5.2%	−0.3%
❷PBR	1.13	0.90
❸PER（高値）	32.5	43.6
PER（安値）	20.5	25.6

図49　スーパー・百貨店業界の経常利益推移

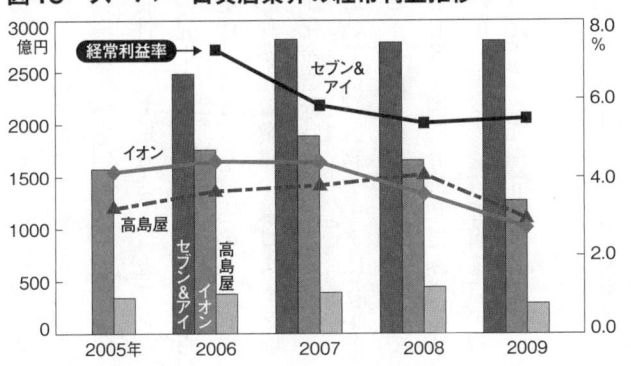

（セブン&アイ、イオン、高島屋の2005年〜2009年の経常利益および経常利益率の推移グラフ）

115

図50 スーパー・百貨店業界の当期純利益推移

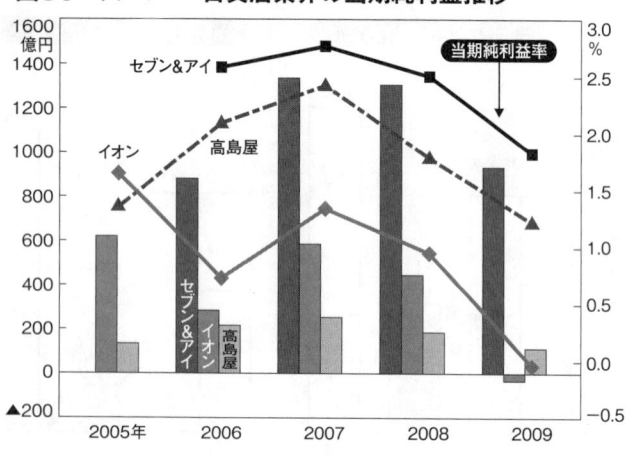

かもしれません。当期純利益では高島屋よりイオンの方が低く、イオンのこの5年間の平均の当期純利益率は1%を切る水準です。薄利多売の業界特性が見て取れます。セブン&アイとイオンの売上高は5兆円規模ですから1%利益率が上がれば500億円の利益が増えるわけで、薄利多売の業界ではコストをいかに抑えるかが死命を分けると言えます。

この業界においては、財務データに5年前と連続性があるイオンと高島屋を例にとって5年間のPLとBSを図解分析してみましょう。

規模の差は前ページの図47で明確ですので、それぞれの会社ごとに5年間の比較をしてみます。

図51の上段の図はイオンの2005年と

2008年の比較です。イオンは2005年から2008年にかけて総資本も売上高も2割から3割程度の伸びを示しています。ただ、営業利益は3.5％前後で変わらず、当期純利益は1％前後です。

次に図51の下段の図を見てください。PLとBSの形は大きく変わっていませんが、粗利が39.9％から39.5％に0.4％落ち、営業利益が3.4％から2.6％に0.8％落ち、最終的に当期純利益がマイナスに落ち込んでいるという構図になっているのがわかります（なお、スーパーのイオンとセブン&アイの粗利としては、実際のPLの中の「営業総利益」という項目の数字を使っています）。

120ページの図52を見てください。髙島屋の2005年と2009年の比較です。髙島屋のPLとBSは規模的にはほとんど変化がありません。PLとBSを詳細に見てみると、この百貨店不況の中で利益剰余金を積み増しながら有利子負債を減らしてきています。粗利も営業利益率も当期純利益率も5年前とほぼ同じ水準を維持しています。立派な経営努力をしておられることが見てとれます。

ただ、百貨店業界の売上は全国的に右肩下がりであり、ユニクロ等の躍進を見れば、業界として構造転換の時期にきているということなのかもしれません。

イオン 2008年2月期

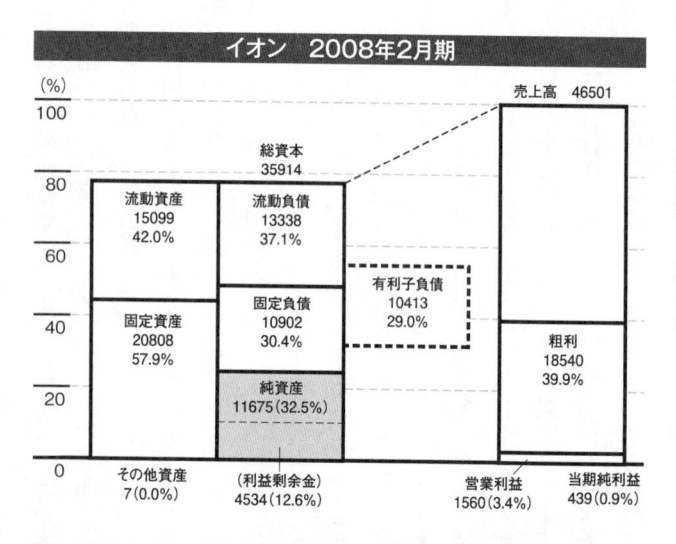

(%)

	総資本 35914	
流動資産 15099 42.0%	流動負債 13338 37.1%	
固定資産 20808 57.9%	固定負債 10902 30.4%	有利子負債 10413 29.0%
	純資産 11675 (32.5%)	
その他資産 7 (0.0%)	(利益剰余金) 4534 (12.6%)	

売上高 46501
粗利 18540 39.9%
営業利益 1560 (3.4%)
当期純利益 439 (0.9%)

イオン 2009年2月期

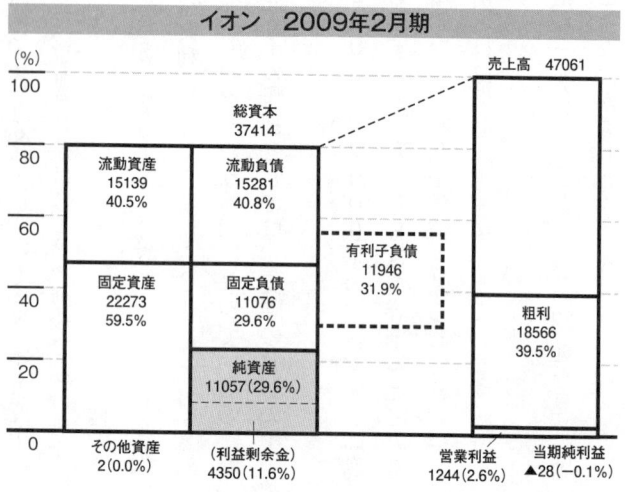

(%)

	総資本 37414	
流動資産 15139 40.5%	流動負債 15281 40.8%	
固定資産 22273 59.5%	固定負債 11076 29.6%	有利子負債 11946 31.9%
	純資産 11057 (29.6%)	
その他資産 2 (0.0%)	(利益剰余金) 4350 (11.6%)	

売上高 47061
粗利 18566 39.5%
営業利益 1244 (2.6%)
当期純利益 ▲28 (−0.1%)

第3章 図解分析で企業と業界力が見えてくる

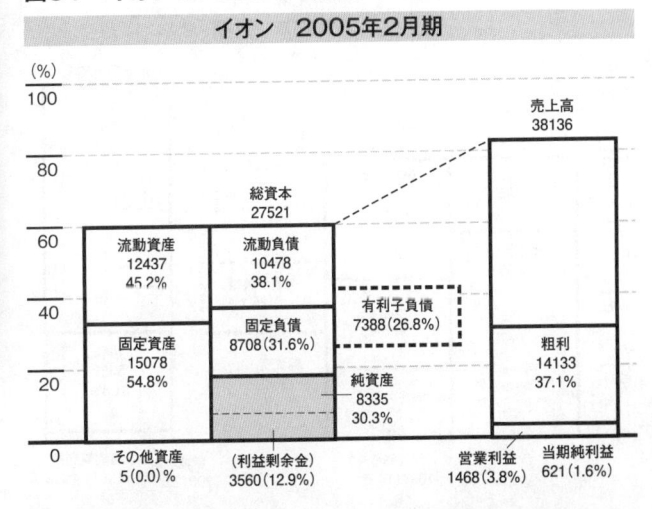

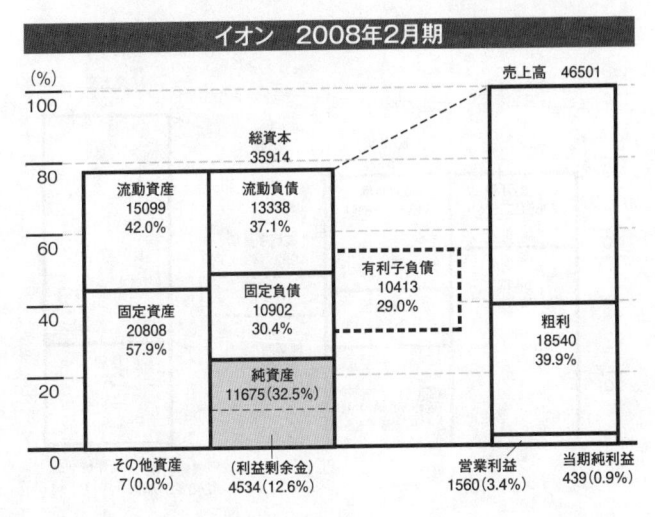

図51 イオンのPLとBSの比較（単位：億円）

イオン 2005年2月期

- 流動資産 12437 45.2%
- 固定資産 15078 54.8%
- その他資産 5(0.0)%
- 総資本 27521
- 流動負債 10478 38.1%
- 固定負債 8708(31.6%)
- 純資産 8335 30.3%
- （利益剰余金）3560(12.9%)
- 有利子負債 7388(26.8%)
- 売上高 38136
- 粗利 14133 37.1%
- 営業利益 1468(3.8%)
- 当期純利益 621(1.6%)

イオン 2008年2月期

- 流動資産 15099 42.0%
- 固定資産 20808 57.9%
- その他資産 7(0.0)%
- 総資本 35914
- 流動負債 13338 37.1%
- 固定負債 10902 30.4%
- 純資産 11675(32.5%)
- （利益剰余金）4534(12.6%)
- 有利子負債 10413 29.0%
- 売上高 46501
- 粗利 18540 39.9%
- 営業利益 1560(3.4%)
- 当期純利益 439(0.9%)

図52 高島屋のPLとBSの比較 (単位:億円)

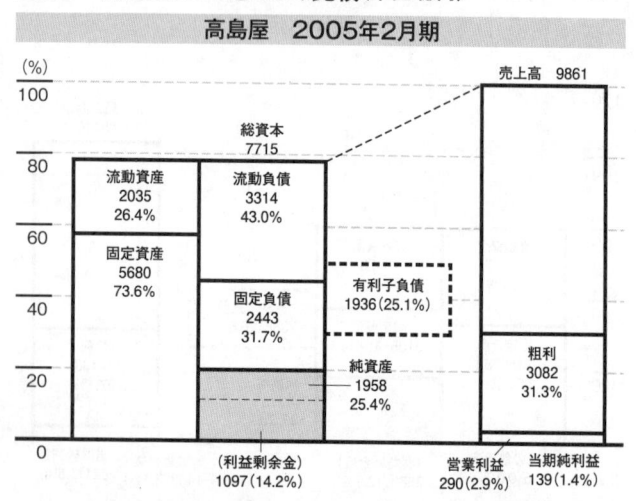

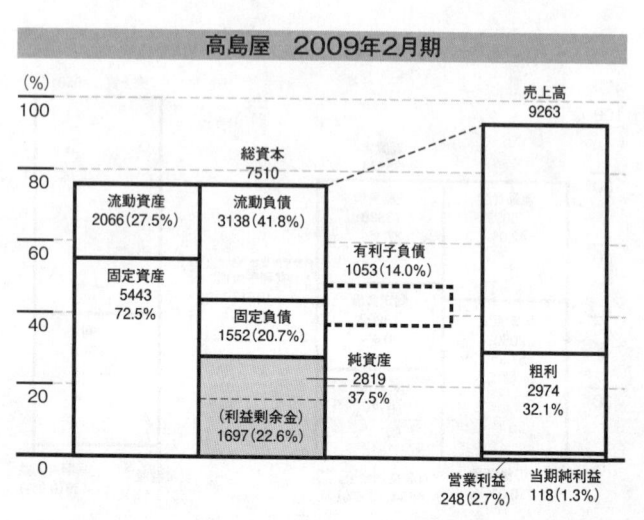

高島屋 2005年2月期

- 売上高 9861
- 総資本 7715
- 流動資産 2035 (26.4%)
- 固定資産 5680 (73.6%)
- 流動負債 3314 (43.0%)
- 固定負債 2443 (31.7%)
- 有利子負債 1936 (25.1%)
- 純資産 1958 (25.4%)
- (利益剰余金) 1097 (14.2%)
- 粗利 3082 (31.3%)
- 営業利益 290 (2.9%)
- 当期純利益 139 (1.4%)

高島屋 2009年2月期

- 売上高 9263
- 総資本 7510
- 流動資産 2066 (27.5%)
- 固定資産 5443 (72.5%)
- 流動負債 3138 (41.8%)
- 固定負債 1552 (20.7%)
- 有利子負債 1053 (14.0%)
- 純資産 2819 (37.5%)
- (利益剰余金) 1697 (22.6%)
- 粗利 2974 (32.1%)
- 営業利益 248 (2.7%)
- 当期純利益 118 (1.3%)

⑤ 畜産加工食品・調味料

1社突出の食品業界

食料品業界の畜産加工食品業界から、**日本ハム株式会社**、**伊藤ハム株式会社**、**プリマハム株式会社**、**丸大食品株式会社**の4社と、調味料業界から**味の素株式会社**、**キユーピー株式会社**、**キッコーマン株式会社**、**ハウス食品株式会社**の4社、合計8社を比較してみましょう。

畜産加工食品業界と調味料業界の業界地図はよく似た形をしています。どちらも業界に1社飛びぬけた規模を誇るリーディングカンパニーがあることです。8つの会社の図を、味の素の売上高を基準にして同一縮尺で作っていますから、畜産加工食品業界と調味料業界は売上規模もよく似ていることがわかります。

売上高を見ると両業界共に業界トップの会社が微かに右肩上がりで他の3社は横ばいの感じがします。他の業界との大きな違いは、景気変動の影響がきわめて少ないことです。

プリマハム	丸大食品

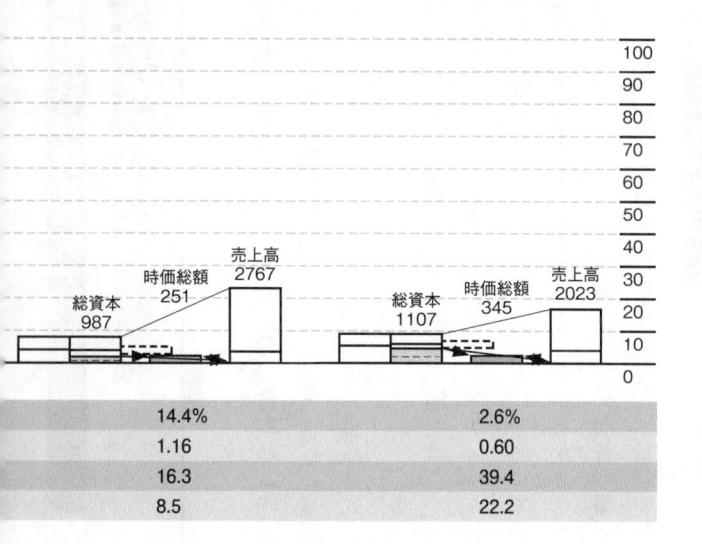

プリマハム: 総資本 987、時価総額 251、売上高 2767
丸大食品: 総資本 1107、時価総額 345、売上高 2023

	プリマハム	丸大食品
	14.4%	2.6%
	1.16	0.60
	16.3	39.4
	8.5	22.2

図54　畜産加工食品業界の売上高推移

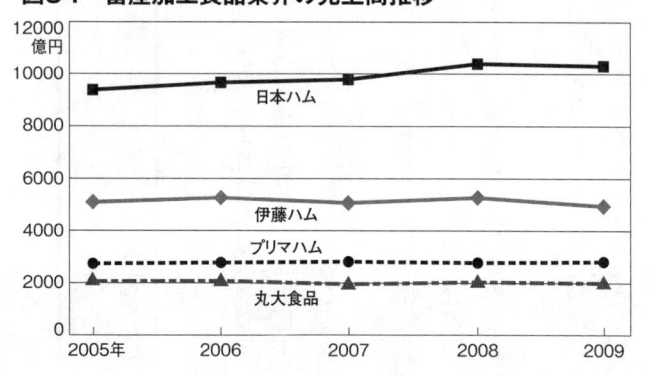

第3章　図解分析で企業と業界力が見えてくる

図53　畜産加工食品業界のPLとBS (単位:億円) 2009年3月期

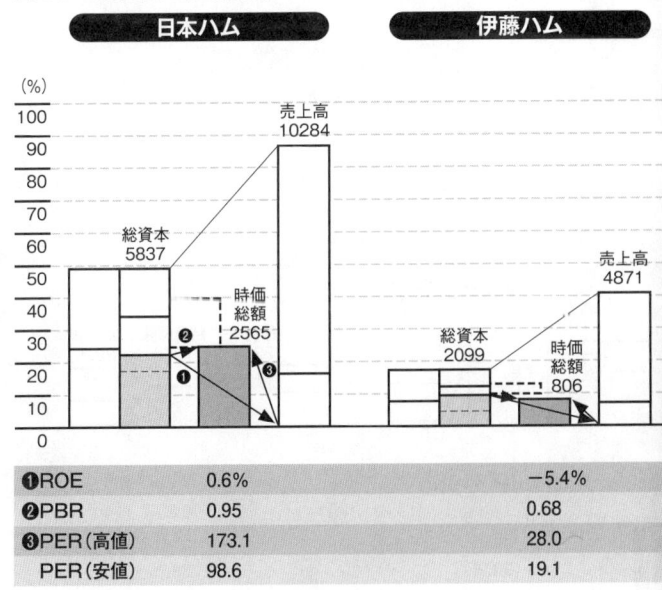

日本ハム　　**伊藤ハム**

	日本ハム	伊藤ハム
❶ROE	0.6%	−5.4%
❷PBR	0.95	0.68
❸PER(高値)	173.1	28.0
PER(安値)	98.6	19.1

日本ハム: 総資本 5837、時価総額 2565、売上高 10284
伊藤ハム: 総資本 2099、時価総額 806、売上高 4871

図55　調味料業界の売上高推移

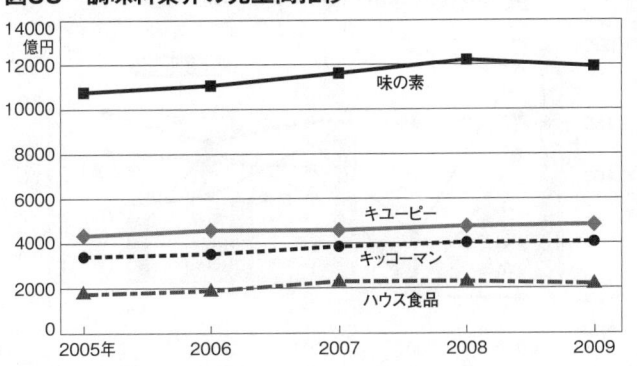

味の素 / キユーピー / キッコーマン / ハウス食品
(2005年〜2009年)

キッコーマン		ハウス食品	

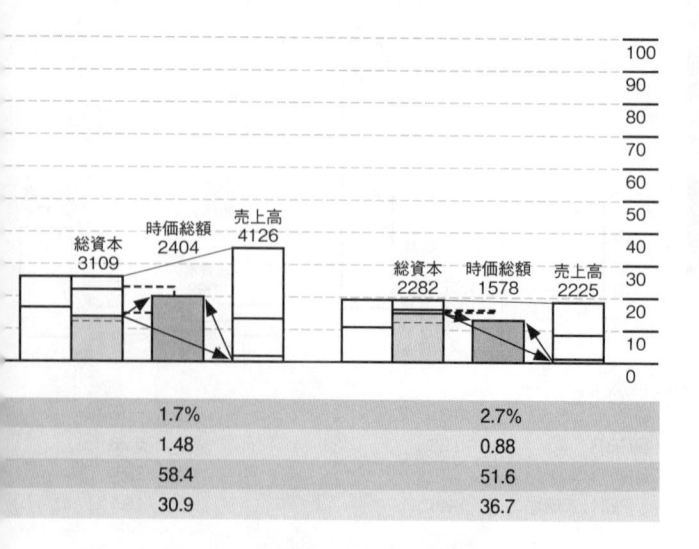

総資本 3109　時価総額 2404　売上高 4126

総資本 2282　時価総額 1578　売上高 2225

	1.7%	2.7%
	1.48	0.88
	58.4	51.6
	30.9	36.7

図57　畜産加工食品業界の経常利益推移

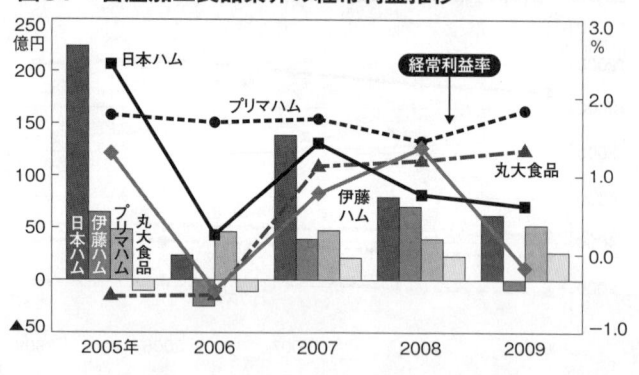

日本ハム
プリマハム
丸大食品
伊藤ハム
経常利益率

2005年　2006　2007　2008　2009

第3章 図解分析で企業と業界力が見えてくる

❺畜産加工食品・調味料

図56 調味料業界のPLとBS (単位:億円) 2009年3月期

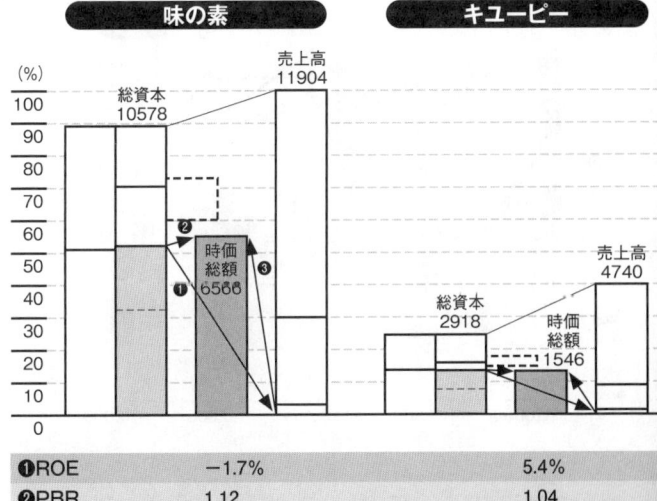

味の素 / **キユーピー**

味の素: 総資本 10578、時価総額 6566、売上高 11904
キユーピー: 総資本 2918、時価総額 1546、売上高 4740

	味の素	キユーピー
❶ROE	−1.7%	5.4%
❷PBR	1.12	1.04
❸PER(高値)	35.9	26.5
PER(安値)	24.8	21.2

図58 調味料業界の経常利益推移

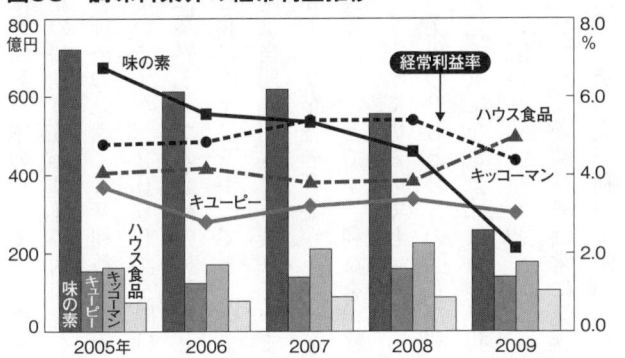

(2005年〜2009年、味の素・キユーピー・キッコーマン・ハウス食品の経常利益および経常利益率の推移グラフ)

図59 畜産加工食品業界の当期純利益推移

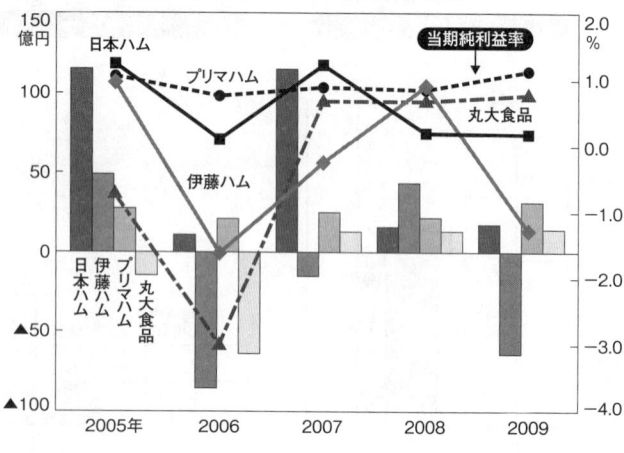

面白いのは経常利益率の推移です。畜産加工食品業界の2006年は狂牛病問題などによる原料価格の急騰により利益率が極端に下がっていますが、2006年を除けば両業界共に業界トップの会社の利益額と利益率が年と共に徐々に下がってきています。その傾向は当期純利益にも表れています。この業界トップ企業の利益が下がっていることは興味深いことです。利益を犠牲にしてシェアを守っているのでしょう。

この2つの業界のPLとBSの図及び利益率の推移を見て気になる会社は両業界共に売上高業界3位のプリマハムとキッコーマンです。プリマハムの利益率は常に業界トップクラスで、その高い利益率が一定し

図60　調味料業界の当期純利益推移

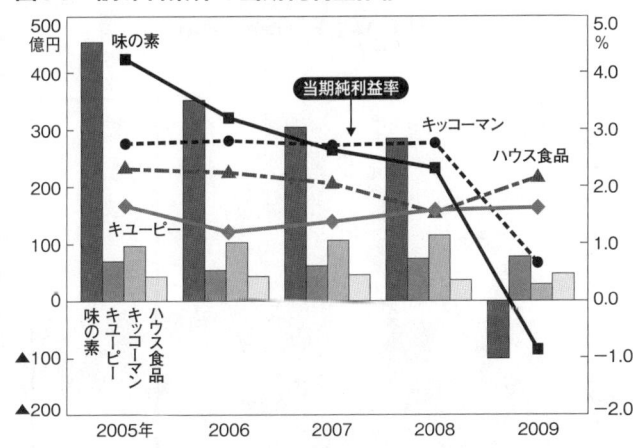

ています。キッコーマンの利益率も常に業界トップクラスで比較的安定しています。

122〜123ページの図53を見ると、プリマハムは総資本回転率がかなり良いことがわかります。投下資本を効率よく売上に変えています。

124〜125ページの図56をみると、キッコーマンは規模の割りにたくさんの利益剰余金を積み上げていることがわかります。

ここまでいろいろな業界の財務諸表と時価総額を見てきましたが、PBRというものは本当にうまく事業の実態を反映しているなと感じます。プリマハムとキッコーマンのPBRを見てください。どちらも業界トップです。

【プリマハム】2009年3月期

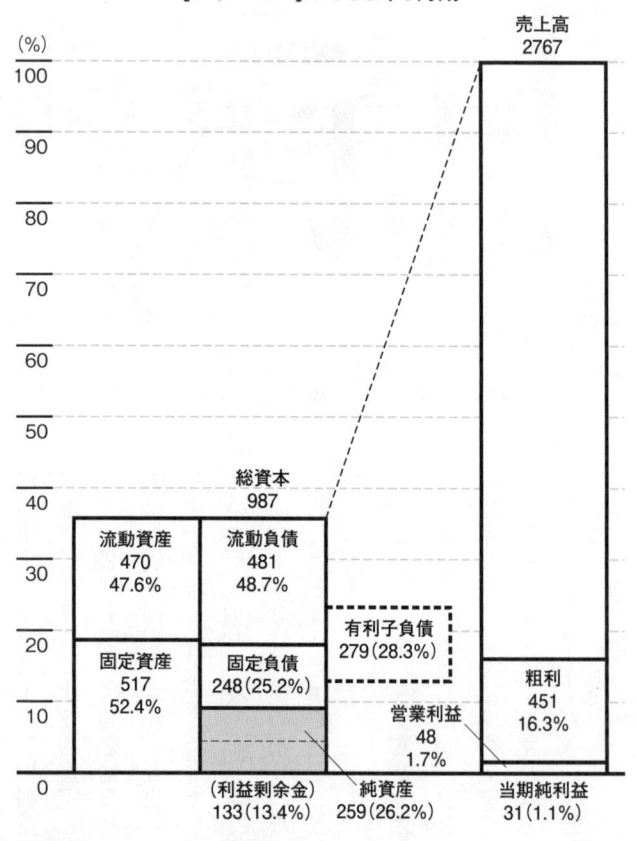

売上高	2767
総資本	987
流動資産	470 (47.6%)
固定資産	517 (52.4%)
流動負債	481 (48.7%)
固定負債	248 (25.2%)
有利子負債	279 (28.3%)
(利益剰余金)	133 (13.4%)
純資産	259 (26.2%)
粗利	451 (16.3%)
営業利益	48 (1.7%)
当期純利益	31 (1.1%)

ROE	12.0%	ROE(2)	14.4%
レバレッジ比率	108.1%	レバレッジ比率(2)	89.8%
総資本回転率	2.8		
当期純利益率	1.1%		

第3章　図解分析で企業と業界力が見えてくる

図61　プリマハムの期間比較（単位：億円）

【プリマハム】2005年3月期

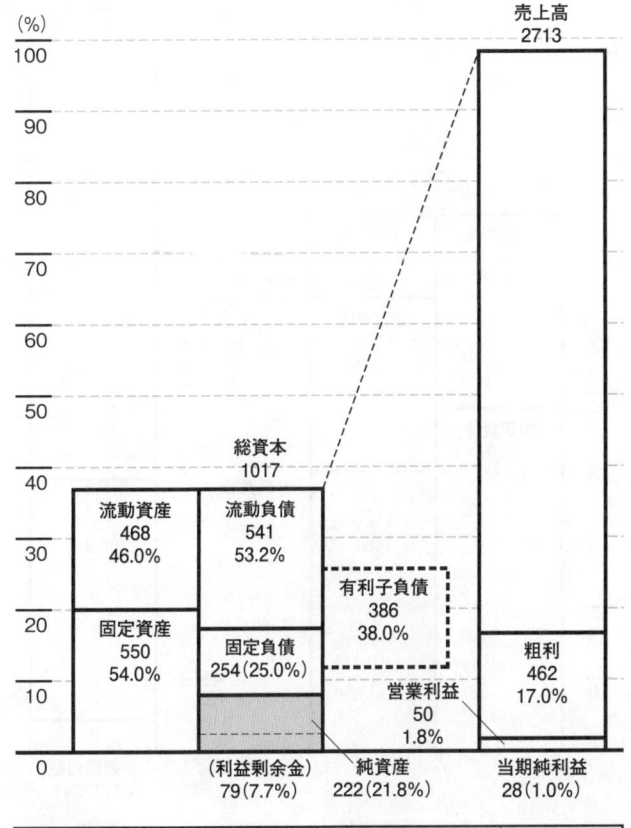

	流動資産	流動負債
	468	541
	46.0%	53.2%
	固定資産	固定負債
	550	254（25.0%）
	54.0%	

総資本 1017
有利子負債 386　38.0%
（利益剰余金）79（7.7%）
純資産 222（21.8%）
営業利益 50　1.8%
売上高 2713
粗利 462　17.0%
当期純利益 28（1.0%）

ROE	12.7%	ROE（2）	15.0%
レバレッジ比率	173.9%	レバレッジ比率（2）	130.1%
総資本回転率	2.7		
当期純利益率	1.0%		

【キッコーマン】2009年3月期

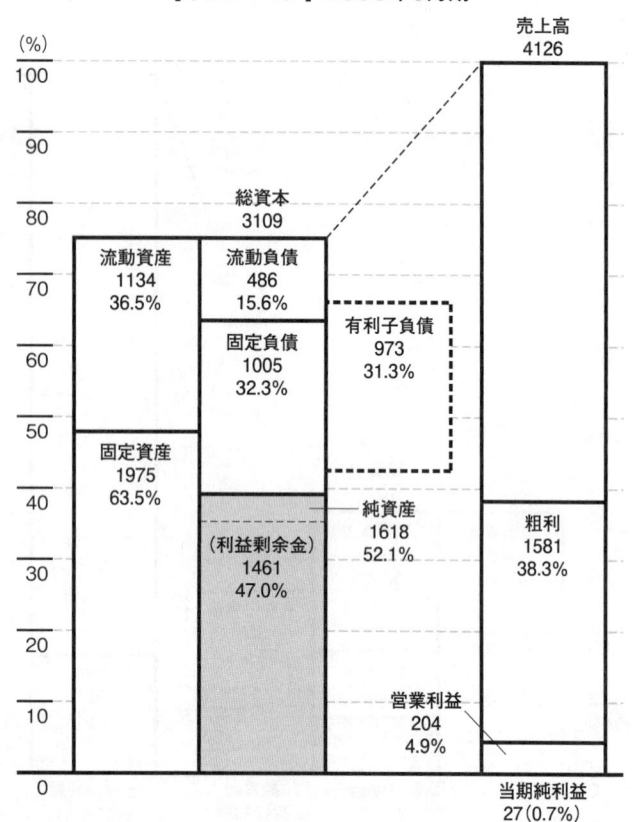

流動資産 1134 36.5%	流動負債 486 15.6%	売上高 4126
	固定負債 1005 32.3%	
	有利子負債 973 31.3%	
固定資産 1975 63.5%	純資産 1618 52.1% （利益剰余金）1461 47.0%	粗利 1581 38.3%
総資本 3109		営業利益 204 4.9%
		当期純利益 27 (0.7%)

ROE	1.7%	ROE（2）	1.7%
レバレッジ比率	60.1%	レバレッジ比率（2）	54.0%
総資本回転率	1.3		
当期純利益率	0.7%		

第3章　図解分析で企業と業界力が見えてくる

❺畜産加工食品・調味料

図62　キッコーマンの期間比較（単位:億円）
【キッコーマン】2005年3月期

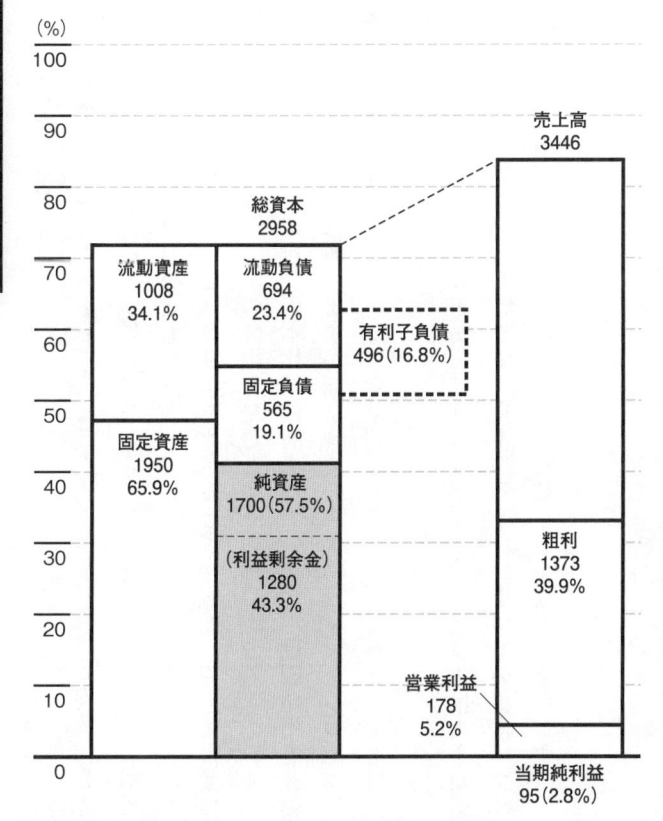

(%)

- 売上高 3446
- 総資本 2958
- 流動資産 1008　34.1%
- 流動負債 694　23.4%
- 有利子負債 496 (16.8%)
- 固定負債 565　19.1%
- 固定資産 1950　65.9%
- 純資産 1700 (57.5%)
- （利益剰余金） 1280　43.3%
- 粗利 1373　39.9%
- 営業利益 178　5.2%
- 当期純利益 95 (2.8%)

ROE	5.6%	ROE(2)	6.4%
レバレッジ比率	29.2%	レバレッジ比率(2)	16.5%
総資本回転率	1.2		
当期純利益率	2.8%		

131

次に期間比較を見ましょう。

この2つの業界ではプリマハムとキッコーマンのPLとBSの変化を詳細に見ておきます。128〜131ページの図61と図62です。業界が異なりますので、それぞれの会社の2009年の売上高を100%として比較しています。

プリマハムの2005年と2009年を比べると資産規模、売上規模共にほとんど変化していませんが、財務データの詳細を見ると多くの項目が改善しています。有利子負債は減り利益剰余金が増え自己資本比率は高まっています。流動比率も改善し、総資本回転率もわずかばかりではありますが高まっています。リーマンショック以降の厳しい経済状況だった2009年においても営業利益・当期純利益が5年前とほぼ同等というのは素晴らしいと思います。

キッコーマンの方は2005年から2009年にかけて総資本は大きな変化がないのに売上高は20%近くアップしています。資本の効率が高まっています。プリマハム同様、経済環境の厳しい中、営業利益率が5年前と同じレベルなのは立派です。

⑥ コンピューター・電機と民生用電気機器

業績や方向性に差があるデンキ業界

 デンキ業界です。あえて「デンキ」と書いたのは「デンキ」には家庭電器などの電気器具の「電器」もあれば発電機など電気機械の「電機」もあります。はたまたコンピューターなどの弱電機器も「デンキ」の分野でしょう。『産業別財務データハンドブック』では、「デンキ」業界を大分類として「電気機械器具」業界とし、その業界を「コンピューター・電機」や「民生用電気機器」など7つの業界に分けています。
 ここでは「コンピューター・電機」に分類される株式会社日立製作所、株式会社東芝、富士通株式会社、日本電気株式会社(NEC)の4社と、「民生用電気機器」に分類されているパナソニック株式会社、ソニー株式会社、シャープ株式会社、三洋電機株式会社の4社、合計8社を採り上げました。ここではこれら8社を同時に比較してみましょう。ソニーの総資本を100％として、8社同じ縮尺で比較しています。

| 富士通 | NEC |

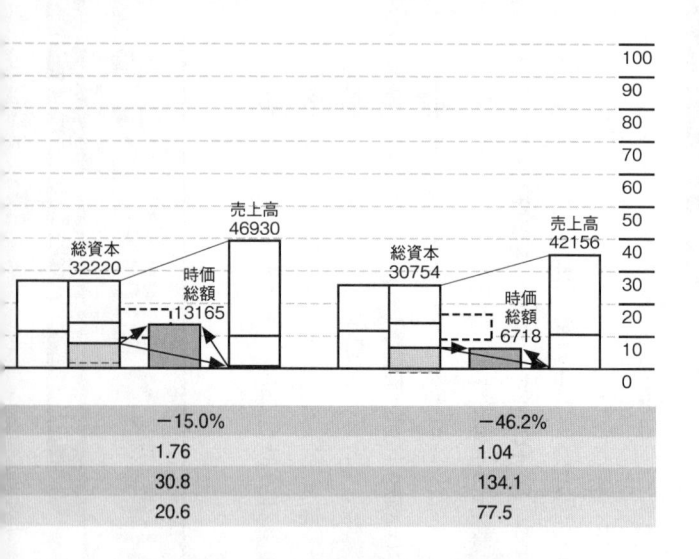

総資本 32220　売上高 46930　時価総額 13165

総資本 30754　売上高 42156　時価総額 6718

	富士通	NEC
	−15.0%	−46.2%
	1.76	1.04
	30.8	134.1
	20.6	77.5

図64 コンピューター・電機業界の売上高推移

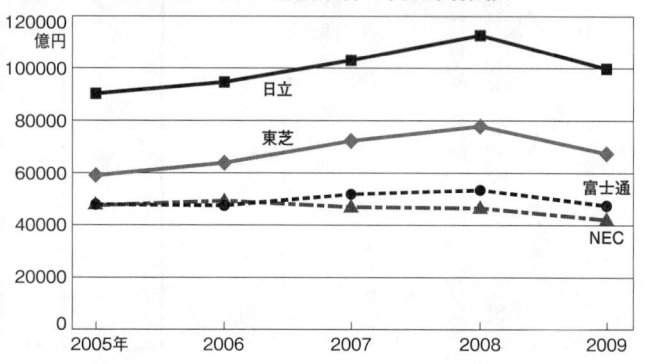

（日立、東芝、富士通、NEC／2005年〜2009年、単位：億円）

第3章 図解分析で企業と業界力が見えてくる

⑥ コンピューター・電機と民生用電気機器

図63 コンピューター・電機業界のPLとBS（単位:億円）2009年3月期

日立製作所 / **東芝**

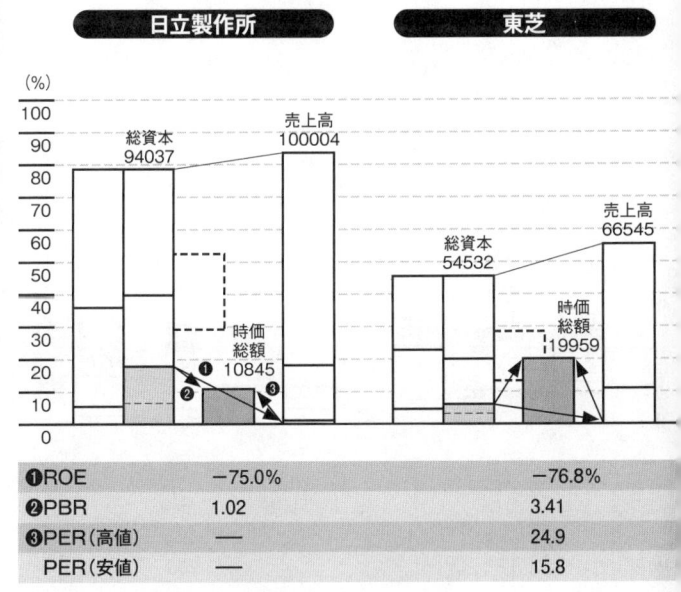

日立製作所: 総資本 94037、売上高 100004、時価総額 10845
東芝: 総資本 54532、売上高 66545、時価総額 19959

	日立製作所	東芝
❶ROE	−75.0%	−76.8%
❷PBR	1.02	3.41
❸PER（高値）	—	24.9
PER（安値）	—	15.8

図65 民生用電気機器業界の売上高推移

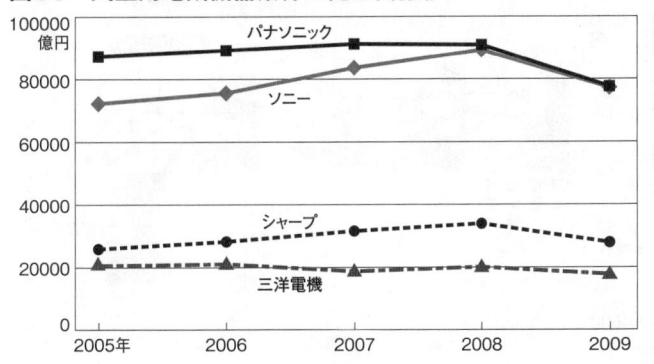

パナソニック、ソニー、シャープ、三洋電機（2005年〜2009年）

135

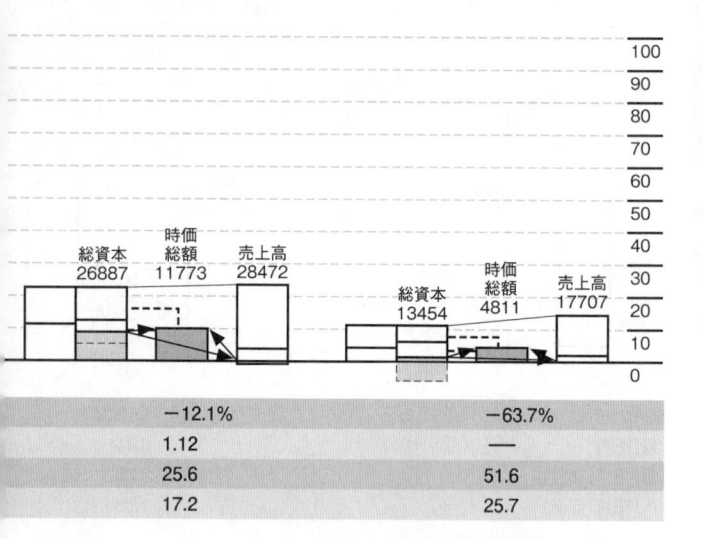

シャープ			三洋電機		
総資本 26887	時価総額 11773	売上高 28472	総資本 13454	時価総額 4811	売上高 17707

−12.1%		−63.7%
1.12		—
25.6		51.6
17.2		25.7

図67 コンピューター・電機業界の経常利益推移

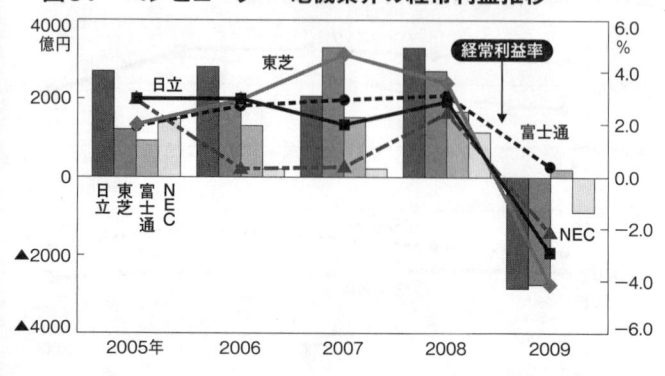

第3章 図解分析で企業と業界力が見えてくる

図66　民生用電気機器業界のPLとBS (単位:億円) 2009年3月期

パナソニック　　**ソニー**

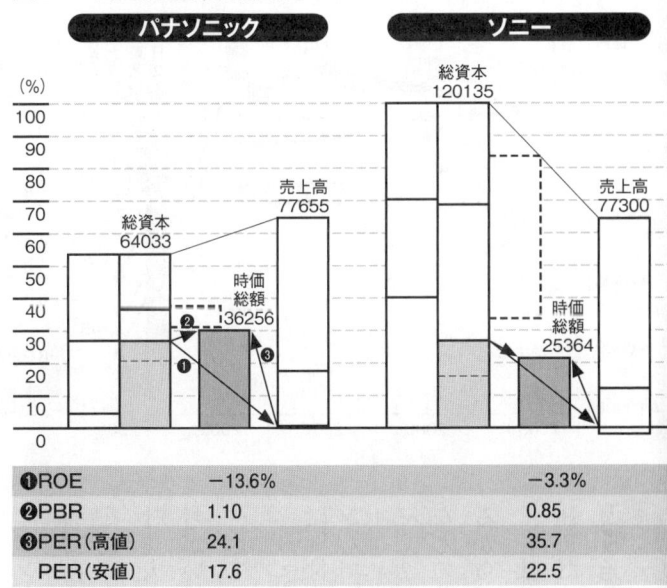

パナソニック:
- 総資本 64033
- 売上高 77655
- 時価総額 36256

ソニー:
- 総資本 120135
- 売上高 77300
- 時価総額 25364

	パナソニック	ソニー
❶ROE	−13.6%	−3.3%
❷PBR	1.10	0.85
❸PER（高値）	24.1	35.7
PER（安値）	17.6	22.5

図68　民生用電気機器業界の経常利益推移

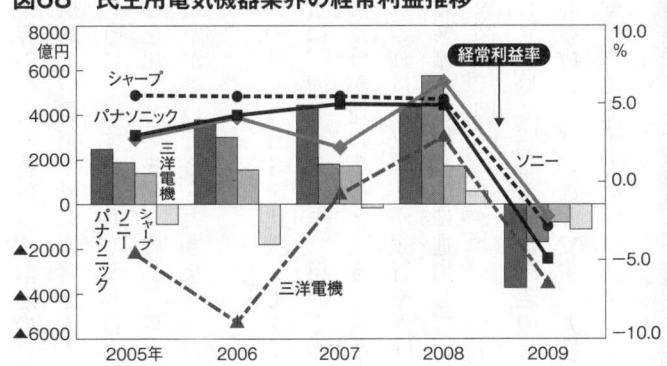

（シャープ、パナソニック、三洋電機、ソニー、経常利益率）
2005年〜2009年

図69 コンピューター・電機業界の当期純利益推移

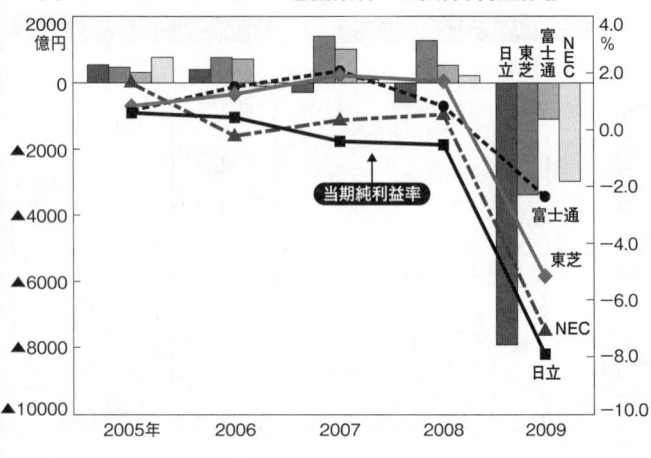

「デンキ」業界の最大の特徴は、前述の食品業界と正反対で、景気変動の影響を大きく受けるということです。2009年は各社莫大な赤字を出しています。食品業界とちがい輸出比率が高いことも大きな赤字の一因でしょう。

8つの会社のPLとBSを比較してすぐに気付くことは、同じ「デンキ」業界なのにソニーの形だけが他の7社と大きく異なることです。これは、ソニーが銀行や保険などのサービス産業に積極的に進出しているからです（図63、図66）。

各社のPBRを見て感じるのは東芝のPBRだけが群を抜いて高いことです。大型太陽光発電や米国の原子力大手ウェスチン

図70　民生用電気機器業界の当期純利益推移

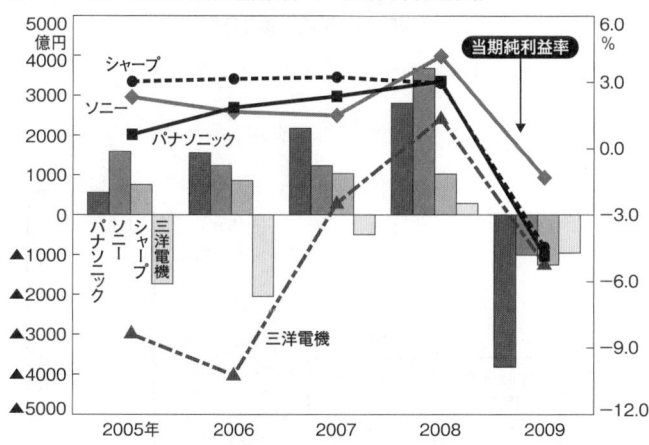

グハウスの買収などが市場から評価されているのでしょうか。

売上高や利益の推移から見ると、デンキ業界はリーマンショックの影響を強く受けた業界であることがわかります。2009年の当期純利益は、日立、東芝、NEC、パナソニックが莫大な赤字を計上しています。特に日立の赤字は8000億円に迫る額であり、赤字は過去3期連続しています。

デンキ業界において業績が振るわないのはNECと三洋電機です。NECの売上高は右肩下がりですし、三洋電機は過去5年間のうち4年が当期純利益で赤字の状態です。

【NEC】2009年3月期

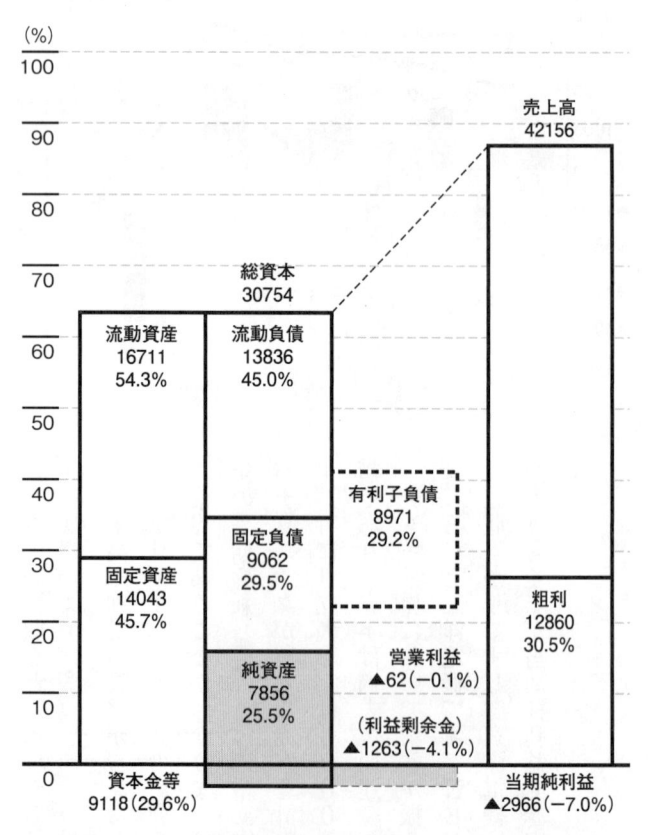

項目	値	比率
売上高	42156	
総資本	30754	
流動資産	16711	54.3%
固定資産	14043	45.7%
流動負債	13836	45.0%
固定負債	9062	29.5%
純資産	7856	25.5%
資本金等	9118	29.6%
有利子負債	8971	29.2%
粗利	12860	30.5%
営業利益	▲62	-0.1%
(利益剰余金)	▲1263	-4.1%
当期純利益	▲2966	-7.0%

ROE	-37.8%	ROE(2)	-46.2%
レバレッジ比率	114.2%	レバレッジ比率(2)	112.8%
総資本回転率	1.4		
当期純利益率	-7.0%		

第3章　図解分析で企業と業界力が見えてくる

図71　NECの期間比較（単位:億円）

【NEC】2005年3月期

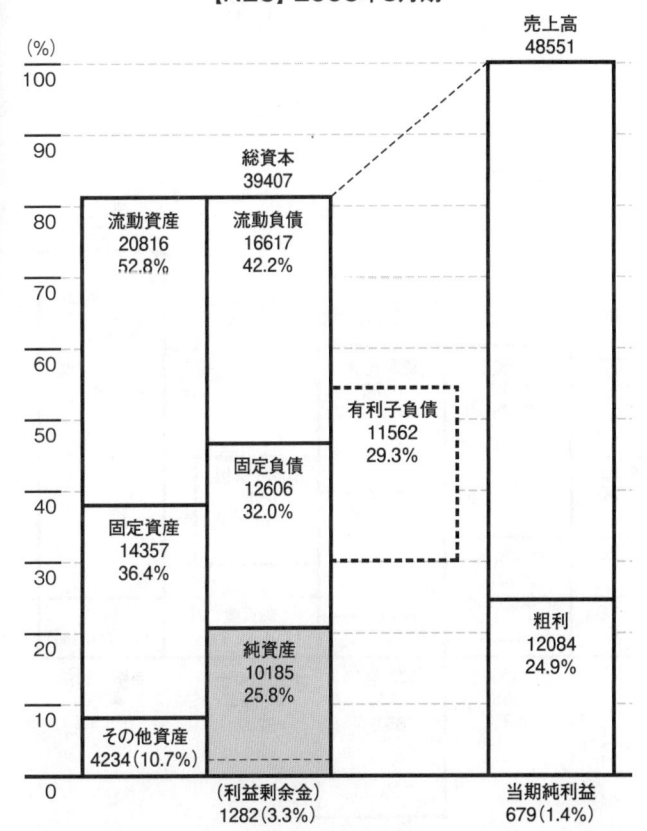

流動資産	流動負債		売上高
20816 52.8%	16617 42.2%		48551

総資本　39407

	固定負債 12606 32.0%	有利子負債 11562 29.3%	
固定資産 14357 36.4%			
	純資産 10185 25.8%		粗利 12084 24.9%
その他資産 4234（10.7%）			

（利益剰余金）1282（3.3%）　　当期純利益 679（1.4%）

ROE	6.7%	ROE（2）	8.5%
レバレッジ比率	113.5%	レバレッジ比率（2）	116.9%
総資本回転率	1.2		
当期純利益率	1.4%		

⑥ コンピューター・電機と民生用電気機器

141

【三洋電機】2009年3月期

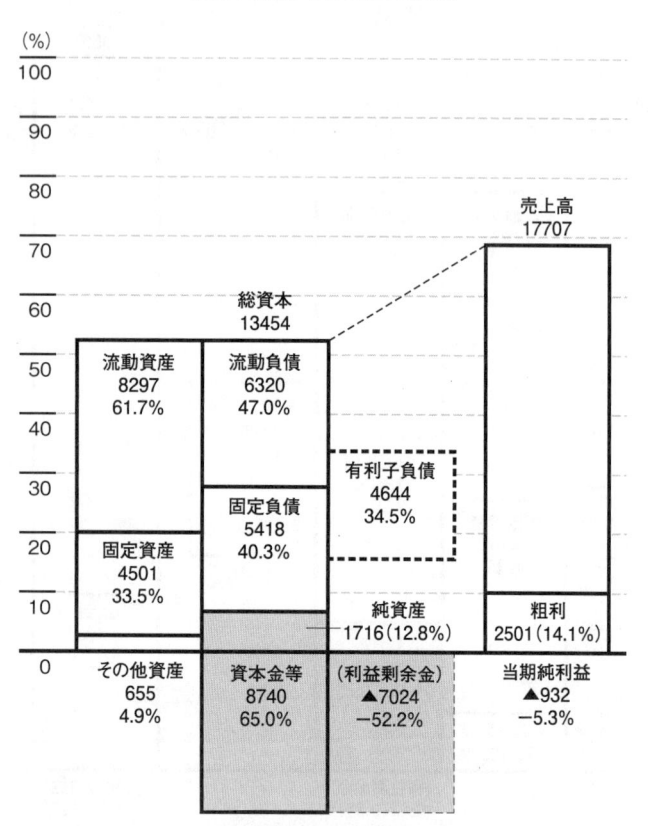

流動資産 8297 61.7%	流動負債 6320 47.0%		売上高 17707
	固定負債 5418 40.3%	有利子負債 4644 34.5%	
固定資産 4501 33.5%		純資産 1716 (12.8%)	粗利 2501 (14.1%)
その他資産 655 4.9%	資本金等 8740 65.0%	(利益剰余金) ▲7024 −52.2%	当期純利益 ▲932 −5.3%

総資本 13454

ROE	−54.3%	ROE (2)	−63.7%
レバレッジ比率	270.6%	レバレッジ比率 (2)	278.0%
総資本回転率	1.3		
当期純利益率	−5.3%		

第3章 図解分析で企業と業界力が見えてくる

図72 三洋電機の期間比較(単位:億円)

【三洋電機】2005年3月期

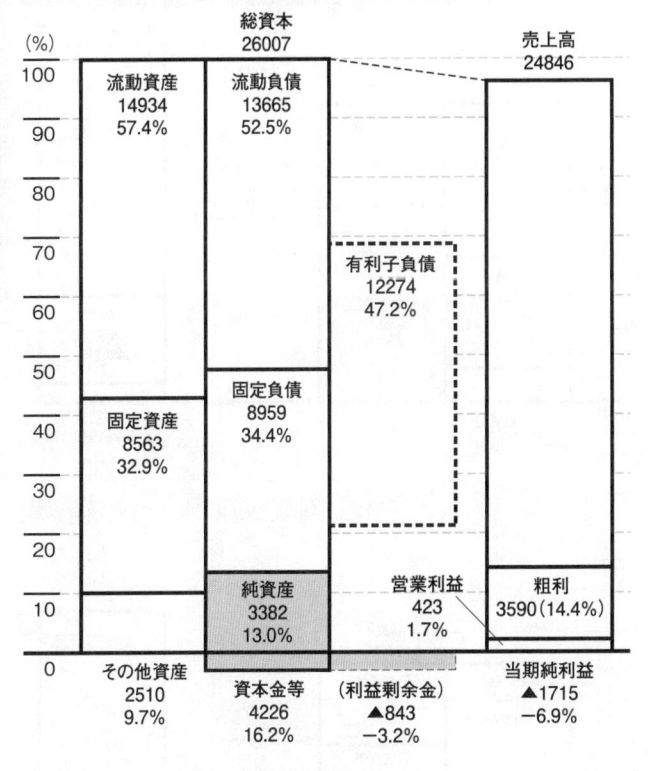

	総資本 26007		売上高 24846
流動資産 14934 57.4%	流動負債 13665 52.5%		
		有利子負債 12274 47.2%	
	固定負債 8959 34.4%		
固定資産 8563 32.9%			
	純資産 3382 13.0%	営業利益 423 1.7%	粗利 3590(14.4%)
その他資産 2510 9.7%	資本金等 4226 16.2%	(利益剰余金) ▲843 −3.2%	当期純利益 ▲1715 −6.9%

ROE	−50.7%	ROE(2)	−59.5%
レバレッジ比率	362.9%	レバレッジ比率(2)	284.1%
総資本回転率	0.96		
当期純利益率	−6.9%		

❻ コンピューター・電機と民生用電気機器

パナソニック 2008年3月期

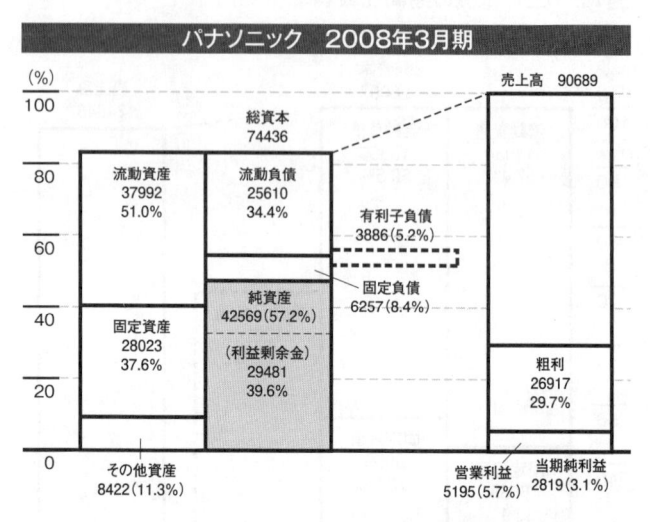

(%)

- 総資本 74436
- 流動資産 37992 51.0%
- 流動負債 25610 34.4%
- 有利子負債 3886(5.2%)
- 固定負債 6257(8.4%)
- 純資産 42569(57.2%)
- (利益剰余金) 29481 39.6%
- 固定資産 28023 37.6%
- その他資産 8422(11.3%)
- 売上高 90689
- 粗利 26917 29.7%
- 営業利益 5195(5.7%)
- 当期純利益 2819(3.1%)

パナソニック 2009年3月期

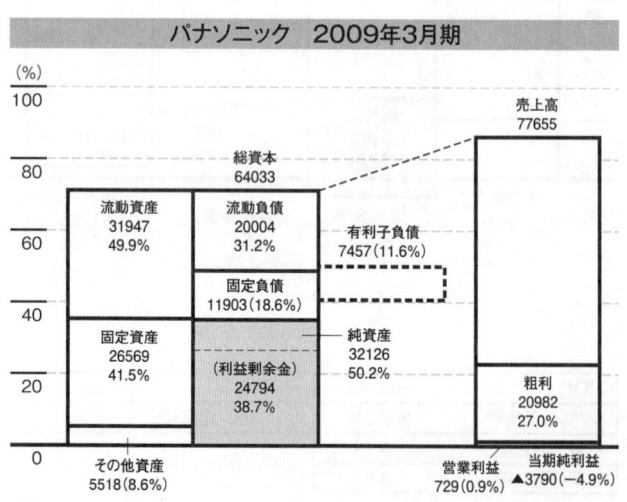

(%)

- 総資本 64033
- 流動資産 31947 49.9%
- 流動負債 20004 31.2%
- 有利子負債 7457(11.6%)
- 固定負債 11903(18.6%)
- 純資産 32126 50.2%
- (利益剰余金) 24794 38.7%
- 固定資産 26569 41.5%
- その他資産 5518(8.6%)
- 売上高 77655
- 粗利 20982 27.0%
- 営業利益 729(0.9%)
- 当期純利益 ▲3790(−4.9%)

第3章　図解分析で企業と業界力が見えてくる

図73　パナソニックのPLとBSの比較（単位:億円）

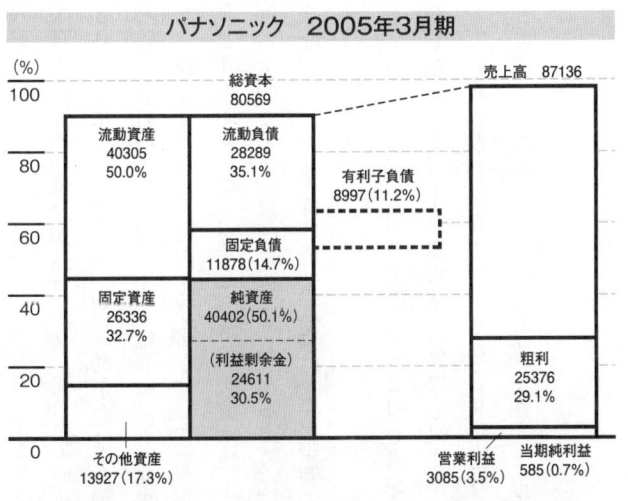

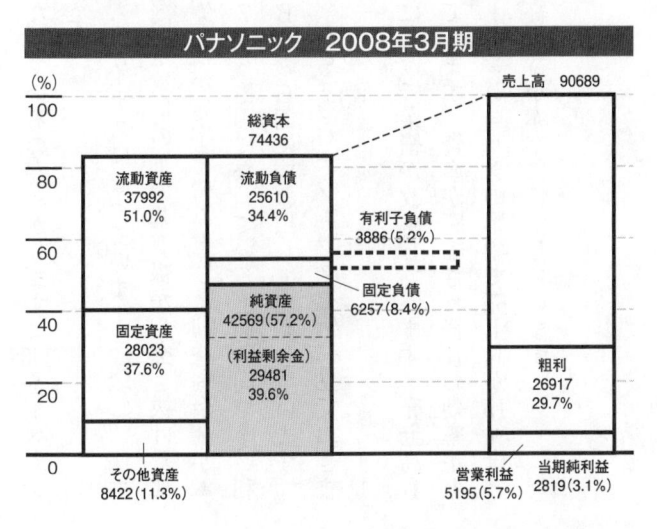

パナソニック　2005年3月期

- 総資本 80569
- 流動資産 40305 50.0%
- 流動負債 28289 35.1%
- 有利子負債 8997(11.2%)
- 固定負債 11878(14.7%)
- 固定資産 26336 32.7%
- 純資産 40402(50.1%)
- （利益剰余金）24611 30.5%
- その他資産 13927(17.3%)
- 売上高 87136
- 粗利 25376 29.1%
- 営業利益 3085(3.5%)
- 当期純利益 585(0.7%)

パナソニック　2008年3月期

- 総資本 74436
- 流動資産 37992 51.0%
- 流動負債 25610 34.4%
- 有利子負債 3886(5.2%)
- 固定負債 6257(8.4%)
- 純資産 42569(57.2%)
- （利益剰余金）29481 39.6%
- 固定資産 28023 37.6%
- その他資産 8422(11.3%)
- 売上高 90689
- 粗利 26917 29.7%
- 営業利益 5195(5.7%)
- 当期純利益 2819(3.1%)

145

NECはこの5年間にPLもBSも小さくなっているのがわかります（140～141ページの図71）。利益剰余金がマイナスになっています。

2009年の三洋電機の利益剰余金は大幅なマイナスになっています（図72）。株主から注入されている資本金等はBSの右側の固定負債の下の基準線から突き抜けた部分で、総額8740億円あります。ところが会社が赤字を積み上げた利益剰余金が▲7024億円あるので差し引きの純資産は1716億円になっているという図です。利益剰余金のマイナス部分がよくわかるようにBSの右側に抜き出して記載しています。

また、デンキ業界の経済危機による影響の大きさをパナソニックを例に見ておきましょう（図73）。

パナソニックは2005年から2008年にかけて業績が改善しています。売上高も利益も増え、利益率も総資本回転率も高まっています。資産が圧縮され経営の効率が上がっているのがわかります。2009年はリーマンショックの影響で売上高が15％ほども下がり、営業利益率も5％程度下がって最終損益が赤字に転落しています。

⑦ 鉄鋼・化学

重厚なる日本の装置産業①

鉄鋼業界と化学業界を見ていきましょう。『産業別財務データハンドブック』では、「高炉」業界に分類されている**新日本製鐵株式会社、ジェイ エフ イー ホールディングス株式会社（JFE）、株式会社神戸製鋼所、住友金属株式会社**の4社と、「化学」業界に分類されている**株式会社三菱ケミカルホールディングス、住友化学株式会社、旭化成株式会社、三井化学株式会社**の4社、合計8社を採り上げました。ちなみにJFEはNKKと川崎製鉄が統合して生まれた会社です。

これら8社を新日鐵の総資本を100％にして同時に比較してみましょう。規模の差こそあれ、大手鉄鋼メーカーと化学という日本を代表する装置産業のPLとBSはとてもよく似た形になっています。莫大な有利子負債を抱えて事業運営をしています。日本の重厚長大型の産業ではこのように大きな負債を抱えているのが一般的です（図74、77）。

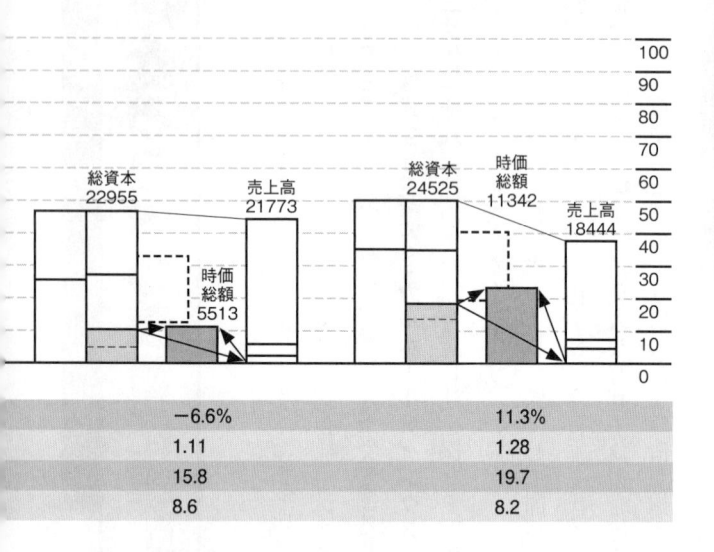

神戸製鋼		住友金属	
総資本 22955	売上高 21773 時価総額 5513	総資本 24525	時価総額 11342 売上高 18444
−6.6%		11.3%	
1.11		1.28	
15.8		19.7	
8.6		8.2	

図75　鉄鋼業界の売上高推移

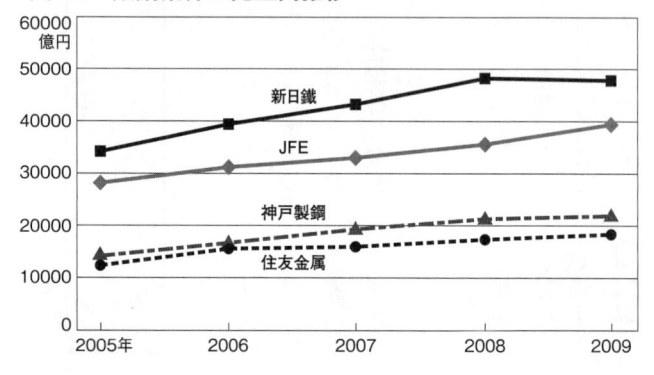

第3章 図解分析で企業と業界力が見えてくる

⑦ 鉄鋼・化学

図74 鉄鋼業界のPLとBS（単位:億円）2009年3月期

新日本製鐵 / **JFE**

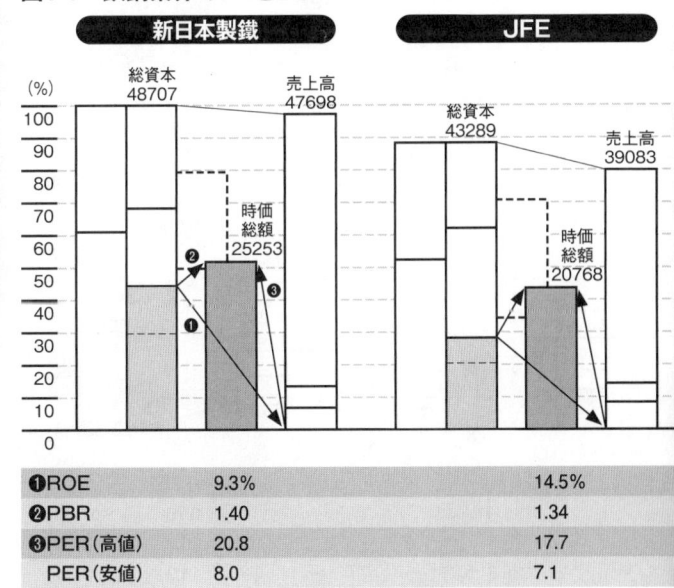

新日本製鐵：総資本 48707／売上高 47698／時価総額 25253
JFE：総資本 43289／売上高 39083／時価総額 20768

	新日本製鐵	JFE
❶ROE	9.3%	14.5%
❷PBR	1.40	1.34
❸PER（高値）	20.8	17.7
PER（安値）	8.0	7.1

図76 化学業界の売上高推移

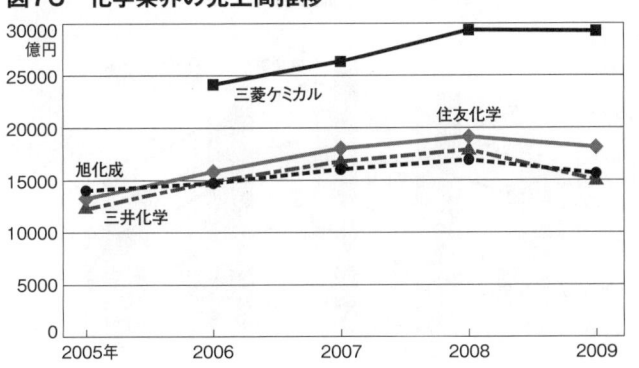

（三菱ケミカル、住友化学、旭化成、三井化学 2005年～2009年）

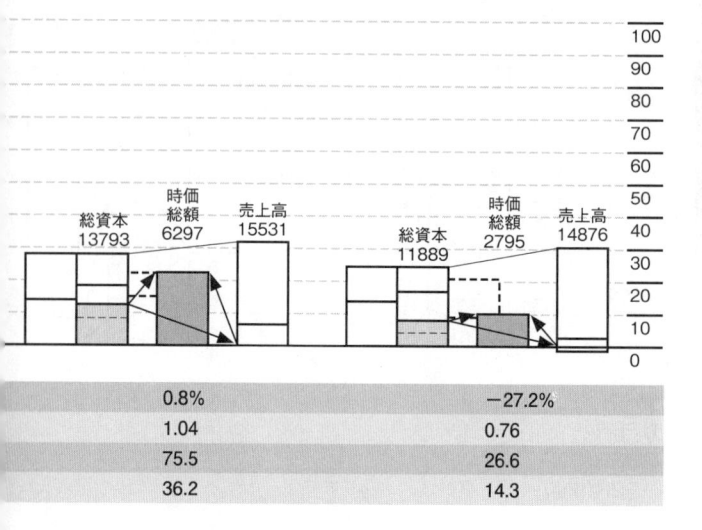

旭化成			三井化学		
総資本 13793	時価総額 6297	売上高 15531	総資本 11889	時価総額 2795	売上高 14876

	0.8%	−27.2%
	1.04	0.76
	75.5	26.6
	36.2	14.3

図78 鉄鋼業界の経常利益推移

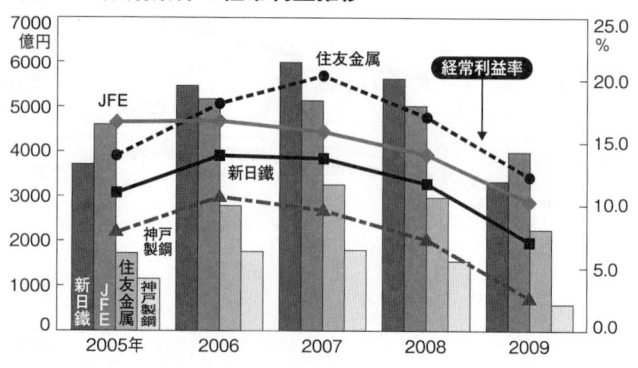

第3章 図解分析で企業と業界力が見えてくる

図77 化学業界のPLとBS（単位:億円） 2009年3月期

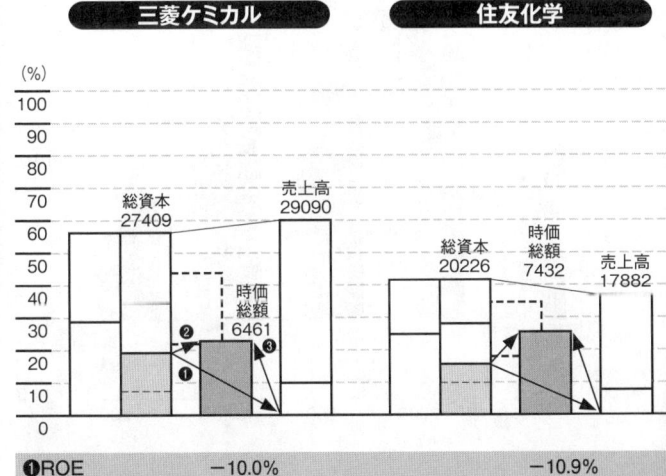

三菱ケミカル / **住友化学**

三菱ケミカル: 総資本 27409、売上高 29090、時価総額 6461
住友化学: 総資本 20226、時価総額 7432、売上高 17882

	三菱ケミカル	住友化学
❶ROE	−10.0%	−10.9%
❷PBR	0.88	1.36
❸PER（高値）	14.0	23.4
PER（安値）	9.0	14.4

図79 化学業界の経常利益推移

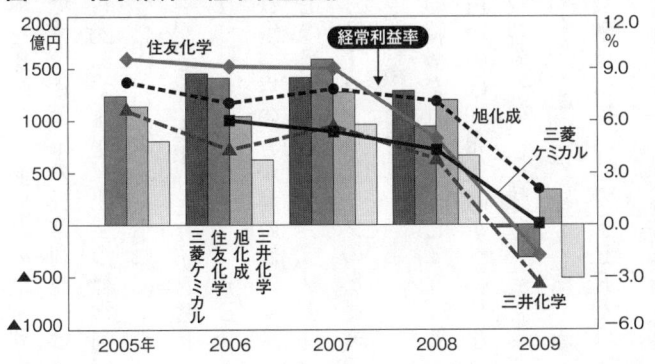

（系列：住友化学、旭化成、三井化学、三菱ケミカル／経常利益率）

151

図80　鉄鋼業界の当期純利益推移

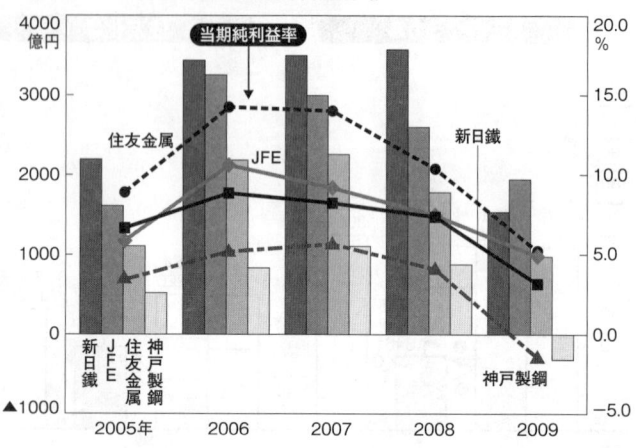

二つの業界を比較して明確なのは、利益率の違いです。鉄鋼業の経常利益率は概ね5%から20%ですが、化学の経常利益率は4%から10%程度です。業界によってかなりの違いがあります。これがPBRにもおおむね反映されているのでしょう。PBRはおおむね鉄鋼業界の方が高い値になっています。上の当期純利益のグラフを見てください。リーマンショックの影響も鉄鋼業界の方が軽微なようです。

業界ごとの特徴を見てみましょう。鉄鋼業界で面白いのは、売上高が一番少ない住友金属の利益率が一番高いことです。4社の経常利益率の挙動は、住友金属、新日鐵、神戸製鋼はほぼ同じでJFEだけ

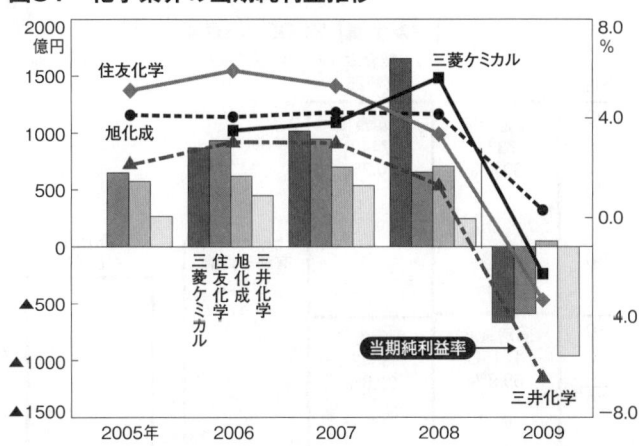

第3章 図解分析で企業と業界力が見えてくる

図81　化学業界の当期純利益推移

が他の3社と少し違って下がり続けています。

鉄鋼業界では、新日鐵と住友金属と神戸製鋼の3社が提携関係にあり相互に出資しあっています。この業界内の特徴が表われているのかもしれません。

日本の鉄鋼会社の粗鋼生産量の順位は何十年も変わっていません。海外を見ればインドのスクラップ屋だったミッタル氏が株式交換によるM&Aを進め、一代で世界最大の鉄鋼会社アルセロール・ミッタルを作りました。また、これまで新日鐵は東南アジア鉄鋼業界の盟主と言われてきましたが、近い将来韓国や中国の鉄鋼会社の方が大きくなるでしょう。日本の鉄鋼業界は国内市場だけでは成長戦略を描けません。

【住友金属】2009年3月期

総資本 24525

項目	金額	比率
流動資産	7374	30.1%
固定資産	17152	69.9%
流動負債	7440	30.3%
固定負債	8042	32.8%
有利子負債	10165	41.4%
純資産	9044	36.9%
(利益剰余金)	6808	27.8%
売上高	18444	
粗利	3633	19.7%
営業利益	2261	12.3%
当期純利益	973	5.3%

ROE	10.8%	ROE(2)	11.3%
レバレッジ比率	112.4%	レバレッジ比率(2)	90.8%
総資本回転率	0.75		
当期純利益率	5.3%		

第3章　図解分析で企業と業界力が見えてくる

⑦鉄鋼・化学

図82　住友金属の期間比較（単位:億円）
【住友金属】2005年3月期

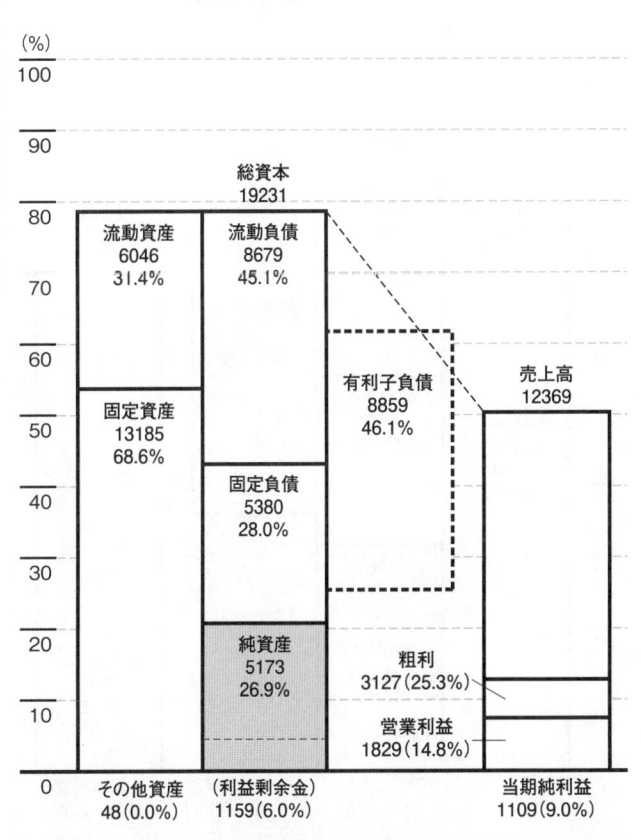

(%)

		総資本 19231		
流動資産 6046 31.4%	流動負債 8679 45.1%			
固定資産 13185 68.6%	有利子負債 8859 46.1%		売上高 12369	
	固定負債 5380 28.0%			
	純資産 5173 26.9%	粗利 3127(25.3%)		
		営業利益 1829(14.8%)		
その他資産 48(0.0%)	（利益剰余金） 1159(6.0%)	当期純利益 1109(9.0%)		

ROE	21.4%	ROE(2)	22.9%
レバレッジ比率	171.3%	レバレッジ比率(2)	96.3%
総資本回転率	0.64		
当期純利益率	9.0%		

【住友化学】2009年3月期

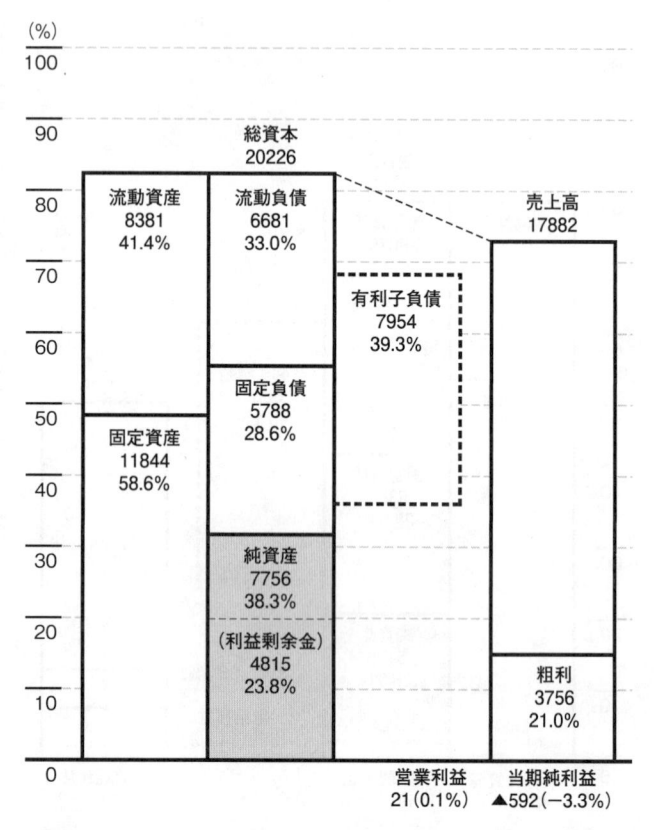

(%)

流動資産 8381 41.4%	流動負債 6681 33.0%		売上高 17882
	有利子負債 7954 39.3%		
	固定負債 5788 28.6%		
固定資産 11844 58.6%			
	純資産 7756 38.3%		
	(利益剰余金) 4815 23.8%		粗利 3756 21.0%

総資本 20226

営業利益 21(0.1%)　当期純利益 ▲592(−3.3%)

ROE	−7.6%	ROE(2)	−10.9%
レバレッジ比率	102.5%	レバレッジ比率(2)	92.4%
総資本回転率	0.88		
当期純利益率	−3.3%		

第3章　図解分析で企業と業界力が見えてくる

⑦ 鉄鋼・化学

図83　住友化学の期間比較（単位:億円）
【住友化学】2005年3月期

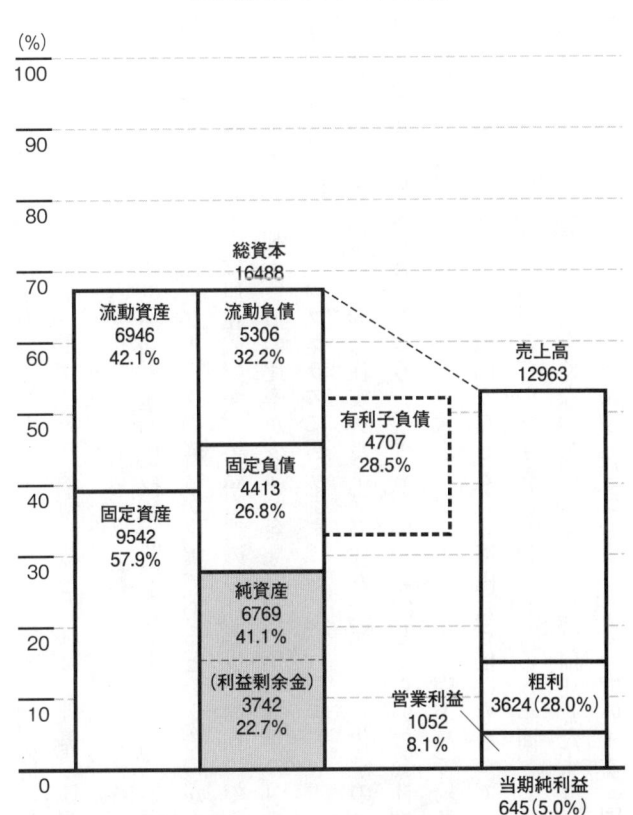

(%)
- 100
- 90
- 80
- 70 — 総資本 16488
- 60
- 50
- 40
- 30
- 20
- 10
- 0

流動資産 6946 42.1%	流動負債 5306 32.2%
固定資産 9542 57.9%	固定負債 4413 26.8%
	純資産 6769 41.1%
	（利益剰余金）3742 22.7%

有利子負債 4707 28.5%

売上高 12963

粗利 3624(28.0%)

営業利益 1052 8.1%

当期純利益 645(5.0%)

ROE	9.5%	ROE（2）	11.3%
レバレッジ比率	69.5%	レバレッジ比率（2）	58.6%
総資本回転率	0.79		
当期純利益率	5.0%		

157

ただ、日本の鉄鋼会社の技術力は4社とも世界最高水準です。例えば、日本の4社のうちのどこか1社がミッタルグループに入り技術の核となれば、世界の鉄鋼業界は面白くなっていくような気がします。

化学業界においては住友化学の利益率が比較的高いようです（図79、図81）。歴史ある重厚長大型産業の中では住友グループの経営が堅実であるといえるのかもしれません。

化学業界で特徴のあるのは旭化成です。業態も他の4社と少し違うのでしょうが、装置産業の中では極端に有利子負債の比率が少ない会社です。化学業界の中では売上規模は3位なのに利益率は常にトップクラスにあります。

この2つの業界においては、同じ住友グループの住友金属と住友化学の2005年と2009年の変化を見ておきましょう。規模もだいたい同じくらいの会社です（図82）。

住友金属はこの5年間に規模がかなり大きくなっています。売上高で約50％の伸びがあります。利益剰余金は1159億円から6808億円に6倍にもなっています。この5年間の鉄鋼業界の好調さを裏付けています。住友化学もこの5年間、PLとBSの形状はほぼ同じような形のままで大きくなっています。ただ、前述したように利益率自体が鉄鋼業界より少ないですから利益剰余金の伸びも少なくなっています（図83）。

⑧ 製紙・繊維

重厚なる日本の装置産業②

製紙業界と化学繊維業界です。『産業別財務データハンドブック』では、「紙・パルプ」業界に分類されている**王子製紙**株式会社、株式会社**日本製紙グループ本社**、レンゴー株式会社、**三菱製紙**株式会社の4社と、「化学繊」業界に分類されている**東レ**株式会社、**帝人**株式会社、**三菱レイヨン**株式会社、**ユニチカ**株式会社の4社、合計8社を採り上げました。製紙業界では売上業界3位に大王製紙がありますが、『産業別財務データハンドブック』に個別決算しか集計されていませんでしたので対象から外しています。

これら8社を同じ縮尺で比較してみましょう（図84、図87）。先ほどの鉄鋼業界や化学業界と同じように装置産業のPLとBSはよく似ています。製紙・繊維業界も各社莫大な有利子負債を抱えています。製紙業界は特に有利子負債が多いようです。製紙業界が厳しい状況にあることは売上高や利益の推移からもわかります。

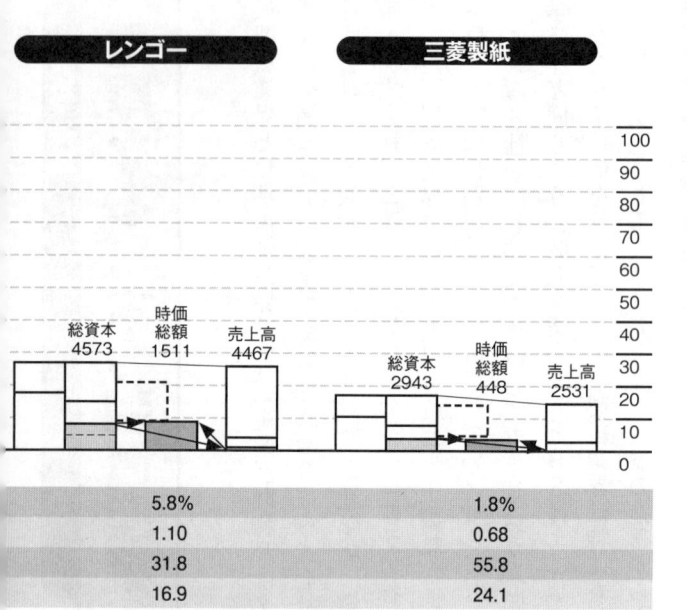

レンゴー	三菱製紙
総資本 4573 / 時価総額 1511 / 売上高 4467	総資本 2943 / 時価総額 448 / 売上高 2531
5.8%	1.8%
1.10	0.68
31.8	55.8
16.9	24.1

図85 製紙業界の売上高推移

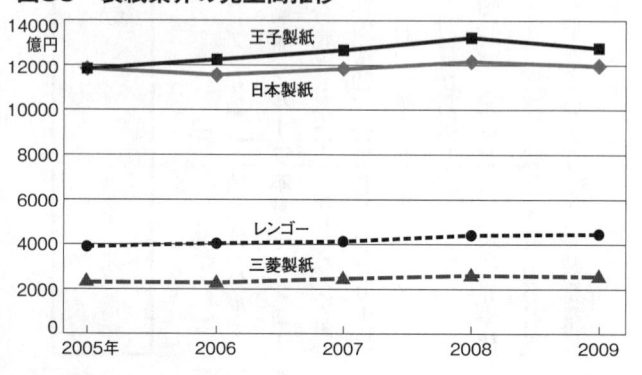

第3章 図解分析で企業と業界力が見えてくる

❽ 製紙・繊維

図84 製紙業界のPLとBS（単位:億円）2009年3月期

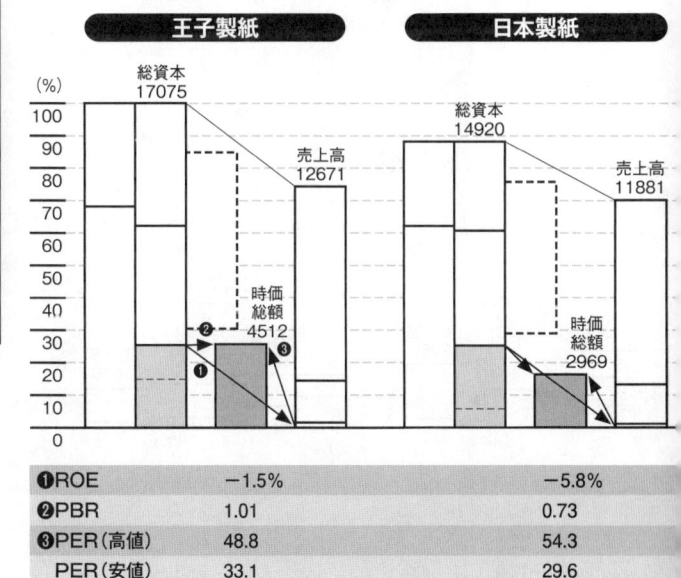

王子製紙

総資本 17075
売上高 12671
時価総額 4512

日本製紙

総資本 14920
売上高 11881
時価総額 2969

	王子製紙	日本製紙
❶ROE	−1.5%	−5.8%
❷PBR	1.01	0.73
❸PER（高値）	48.8	54.3
PER（安値）	33.1	29.6

図86 繊維業界の売上高推移

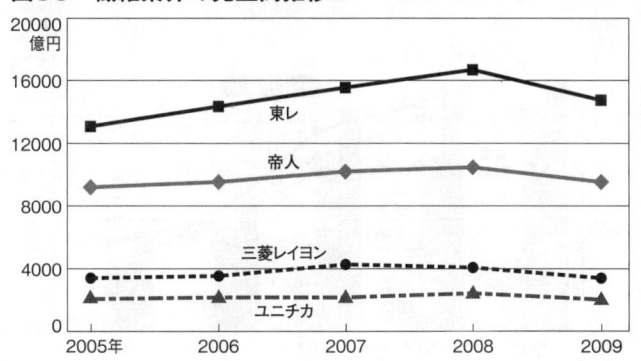

（東レ、帝人、三菱レイヨン、ユニチカ 2005年〜2009年）

161

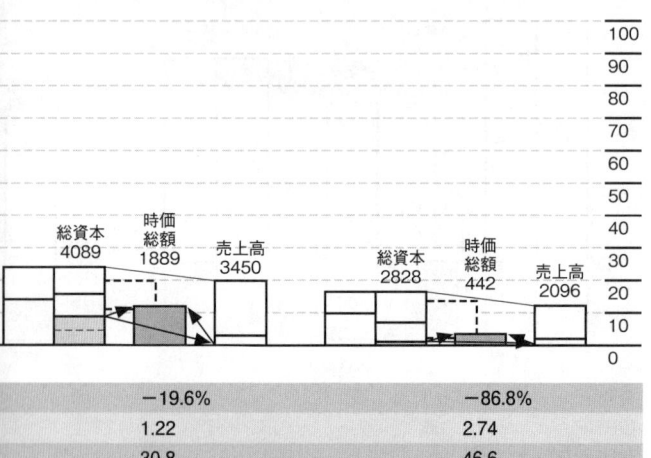

三菱レイヨン			ユニチカ		
総資本 4089	時価総額 1889	売上高 3450	総資本 2828	時価総額 442	売上高 2096

−19.6%	−86.8%
1.22	2.74
30.8	46.6
12.9	27.3

図88　製紙業界の経常利益推移

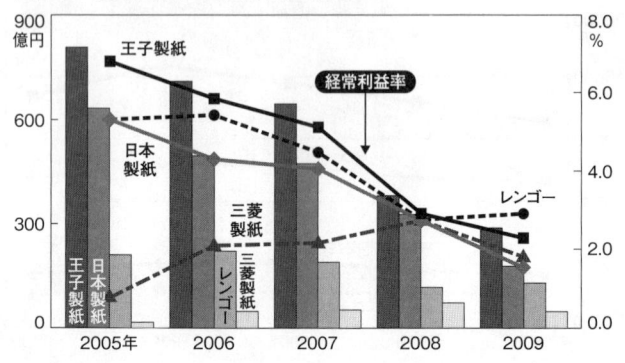

（王子製紙、日本製紙、三菱製紙、レンゴー　経常利益率）

第3章 図解分析で企業と業界力が見えてくる

❽ 製紙・繊維

図87　繊維業界のPLとBS（単位:億円）2009年3月期

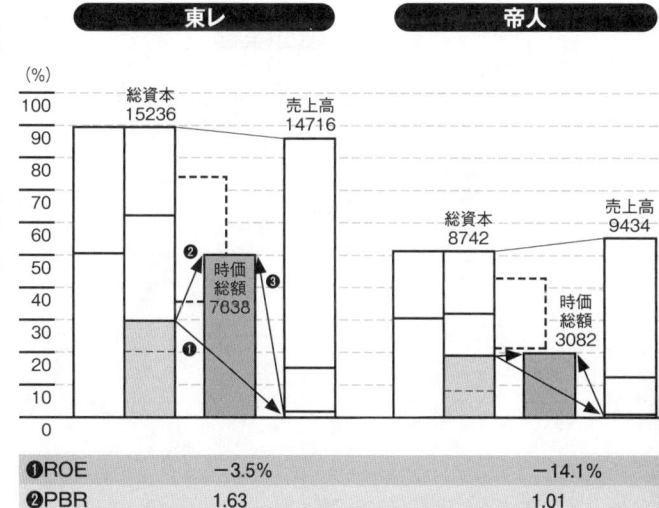

東レ / **帝人**

東レ：総資本 15236、売上高 14716、時価総額 7638
帝人：総資本 8742、売上高 9434、時価総額 3082

	東レ	帝人
❶ROE	−3.5%	−14.1%
❷PBR	1.63	1.01
❸PER（高値）	28.0	38.6
PER（安値）	17.3	21.9

図89　繊維業界の経常利益推移

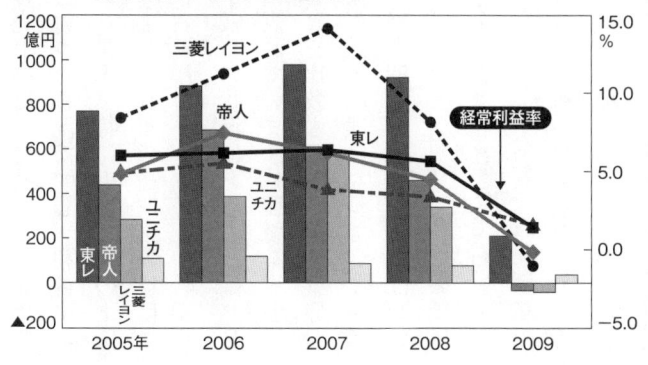

（三菱レイヨン、帝人、東レ、ユニチカ、経常利益率）
2005年〜2009年

図90　製紙業界の当期純利益推移

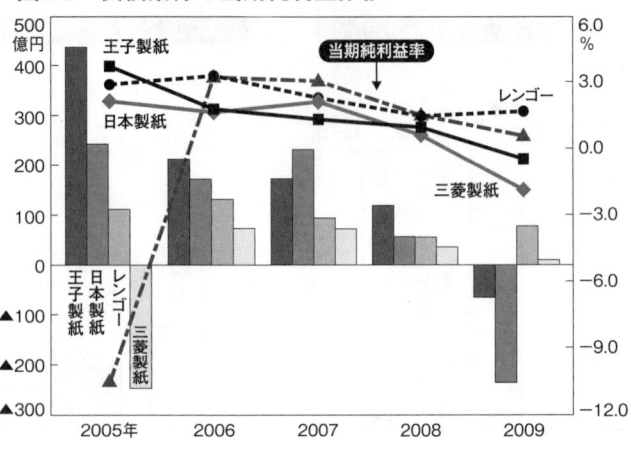

製紙業界の売上高は4社共にこの5年間ほぼ横ばいといった状況ですし、利益率は下降傾向にあります。特に上位2社の下降が甚だしく、2009年の当期純利益は上位2社だけがマイナスになっています。

製紙業界が厳しい状況にあることはPBRにも如実に表れています。製紙業界と繊維業界のPBRを比較すると、製紙業界のPBRが軒並み低い状態になっています。

製紙業界の経常利益の推移でいえばレンゴーが比較的安定しており、三菱製紙は2005年から2008年まで右肩上がりの傾向にあります。なお、三菱製紙の2005年の当期純利益が大幅なマイナスになっているのは工場分割による固定資産

第3章 図解分析で企業と業界力が見えてくる

図91 繊維業界の当期純利益推移

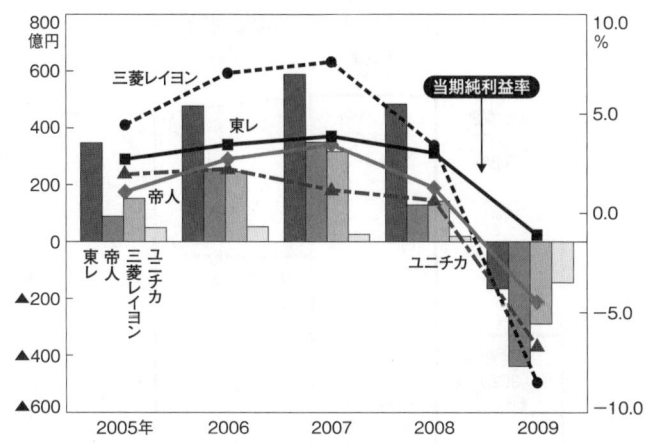

の評価損などを計上したためです。三菱製紙は2005年の大胆なリストラ以降、経営が上向いていることがわかります。

繊維業界は業界3位と4位の三菱レイヨンとユニチカの業績の差が歴然としています。三菱レイヨンの利益率は経常利益・当期純利益共におおむね業界トップの位置にありますがユニチカは常に最下位です。

製紙業界・繊維業界共に業界3位・4位に特徴があるようですが、図84や図87のように大きさを比較すると規模の小さい会社はPLとBSの形が分かりにくくなりますので、ここではそれぞれの業界3位・4位のPLとBSの形状を比較しておきます。166〜167ページの図92を見てください。

【レンゴー】2009年3月期

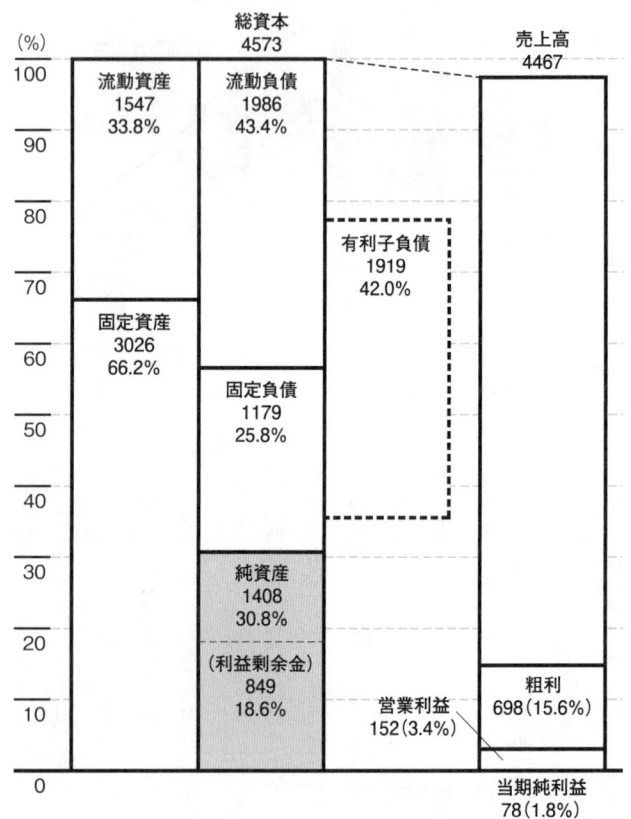

(%)　　　　　　　総資本　　　　　　　　　　　売上高
　　　　　　　　　4573　　　　　　　　　　　　4467

	流動資産	流動負債
	1547	1986
	33.8%	43.4%

有利子負債
1919
42.0%

固定資産
3026
66.2%

固定負債
1179
25.8%

純資産
1408
30.8%

(利益剰余金)
849
18.6%

営業利益
152 (3.4%)

粗利
698 (15.6%)

当期純利益
78 (1.8%)

ROE	5.6%	ROE(2)	5.8%
レバレッジ比率	136.3%	レバレッジ比率(2)	74.8%
総資本回転率	0.98		
当期純利益率	1.8%		

第3章　図解分析で企業と業界力が見えてくる

❽ 製紙・繊維

図92　レンゴーの期間比較（単位：億円）
【レンゴー】2005年3月期

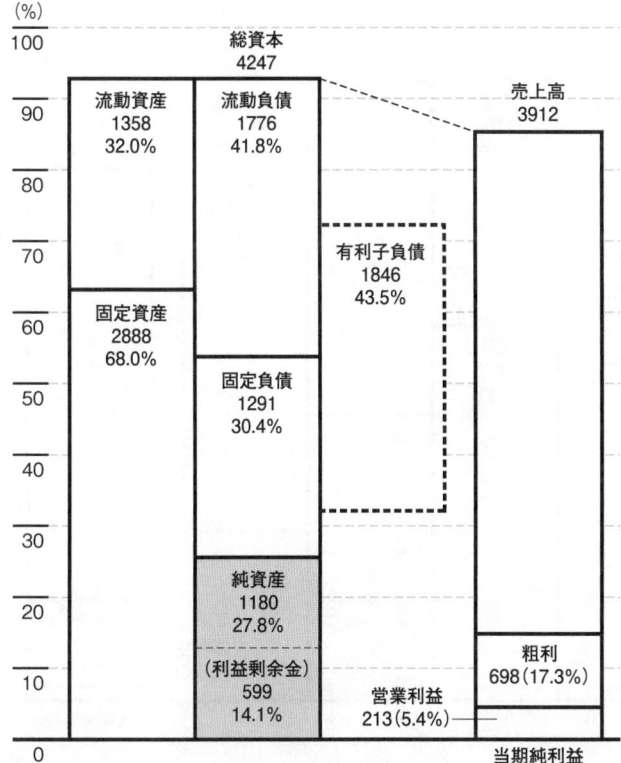

(%)

- 総資本 4247
- 流動資産 1358 / 32.0%
- 流動負債 1776 / 41.8%
- 売上高 3912
- 有利子負債 1846 / 43.5%
- 固定資産 2888 / 68.0%
- 固定負債 1291 / 30.4%
- 純資産 1180 / 27.8%
- （利益剰余金） 599 / 14.1%
- 粗利 698（17.3%）
- 営業利益 213（5.4%）
- 当期純利益 109（2.8%）

ROE	9.2%	ROE（2）	9.6%
レバレッジ比率	156.4%	レバレッジ比率（2）	96.8%
総資本回転率	0.92		
当期純利益率	2.8%		

167

【三菱製紙】2009年3月期

流動資産 1166 39.6%	流動負債 1588 54.0%	総資本 2943
固定資産 1776 60.4%	固定負債 650 22.1%	有利子負債 1635 55.6%
	純資産 704 23.9% (利益剰余金) 115 3.9%	

売上高 2531
粗利 474 18.7%
営業利益 71 (2.8%)
当期純利益 12 0.5%

ROE	1.7%	ROE(2)	1.8%
レバレッジ比率	232.1%	レバレッジ比率(2)	98.7%
総資本回転率	0.86		
当期純利益率	0.5%		

第3章 図解分析で企業と業界力が見えてくる

❽製紙・繊維

図93 三菱製紙の期間比較(単位:億円)

【三菱製紙】2005年3月期

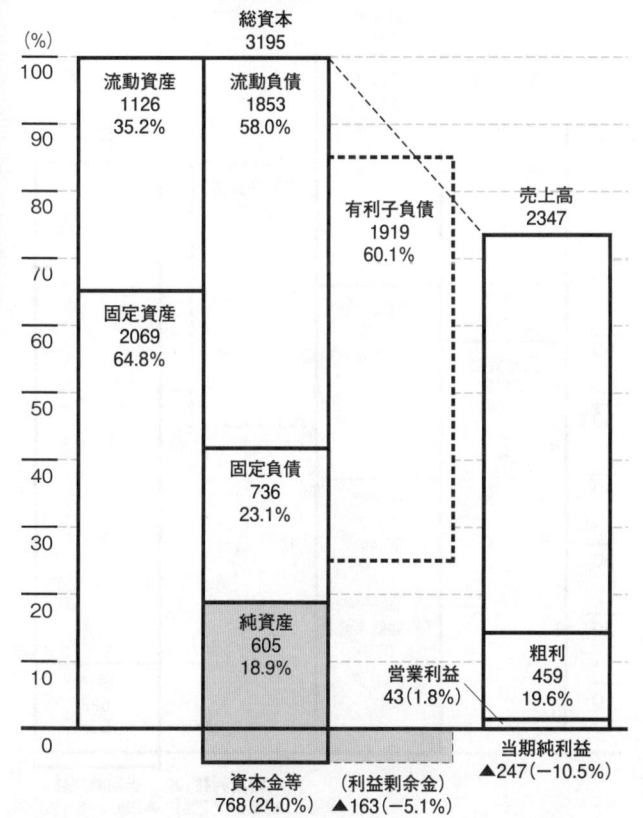

総資本 3195

	流動資産 1126 35.2%	流動負債 1853 58.0%		
		有利子負債 1919 60.1%		売上高 2347
	固定資産 2069 64.8%			
		固定負債 736 23.1%		
		純資産 605 18.9%	営業利益 43(1.8%)	粗利 459 19.6%
	資本金等 768(24.0%)	(利益剰余金) ▲163(−5.1%)		当期純利益 ▲247(−10.5%)

ROE	−40.8%	ROE(2)	−44.8%
レバレッジ比率	317.2%	レバレッジ比率(2)	118.8%
総資本回転率	0.73		
当期純利益率	−10.5%		

【三菱レイヨン】2009年3月期

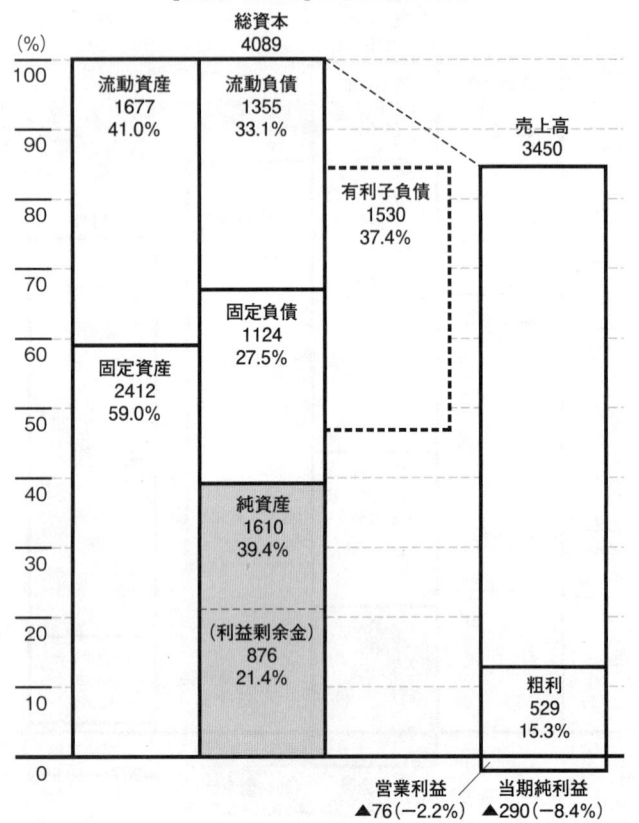

(%)

総資本 4089

- 流動資産 1677 41.0%
- 流動負債 1355 33.1%
- 有利子負債 1530 37.4%
- 固定負債 1124 27.5%
- 固定資産 2412 59.0%
- 純資産 1610 39.4%
- （利益剰余金） 876 21.4%

売上高 3450

粗利 529 15.3%

営業利益 ▲76（−2.2%） ／ 当期純利益 ▲290（−8.4%）

ROE	−18.0%	ROE（2）	−19.6%
レバレッジ比率	95.1%	レバレッジ比率（2）	55.2%
総資本回転率	0.84		
当期純利益率	−8.4%		

第3章 図解分析で企業と業界力が見えてくる

❽ 製紙・繊維

図94 三菱レイヨンの期間比較(単位:億円)
【三菱レイヨン】2005年3月期

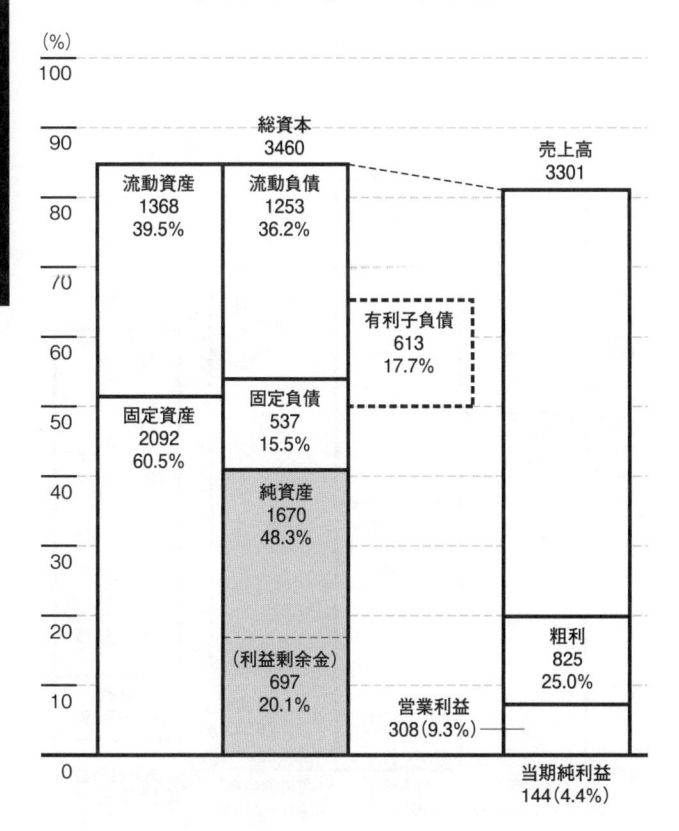

(%)

	総資本 3460		売上高 3301
流動資産 1368 39.5%	流動負債 1253 36.2%		
		有利子負債 613 17.7%	
	固定負債 537 15.5%		
固定資産 2092 60.5%	純資産 1670 48.3%		
			粗利 825 25.0%
	(利益剰余金) 697 20.1%		営業利益 308(9.3%)
			当期純利益 144(4.4%)

ROE	8.6%	ROE(2)	9.2%
レバレッジ比率	36.7%	レバレッジ比率(2)	16.4%
総資本回転率	0.95		
当期純利益率	4.4%		

【ユニチカ】2009年3月期

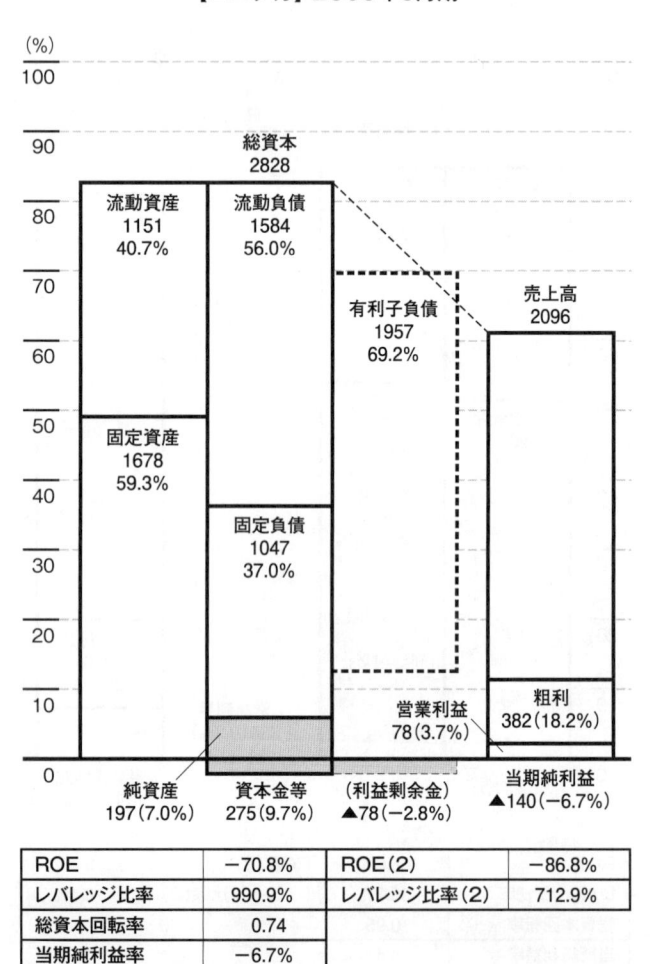

(%)

流動資産 1151 40.7%	総資本 2828 流動負債 1584 56.0%		売上高 2096
固定資産 1678 59.3%	固定負債 1047 37.0%	有利子負債 1957 69.2%	
	資本金等 275 (9.7%)	営業利益 78 (3.7%)	粗利 382 (18.2%)
純資産 197 (7.0%)		(利益剰余金) ▲78 (−2.8%)	当期純利益 ▲140 (−6.7%)

ROE	−70.8%	ROE(2)	−86.8%
レバレッジ比率	990.9%	レバレッジ比率(2)	712.9%
総資本回転率	0.74		
当期純利益率	−6.7%		

第3章　図解分析で企業と業界力が見えてくる

図95　ユニチカの期間比較(単位:億円)

【ユニチカ】2005年3月期

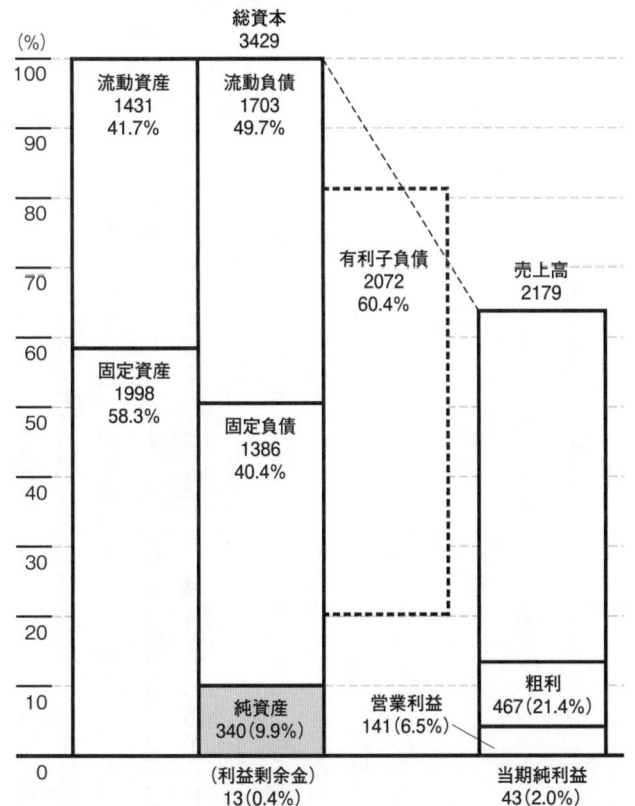

総資本 3429

(%)		
100	流動資産 1431 41.7%	流動負債 1703 49.7%
90		
80		
70		有利子負債 2072 60.4% / 売上高 2179
60	固定資産 1998 58.3%	
50		固定負債 1386 40.4%
40		
30		
20		
10		純資産 340(9.9%) / 営業利益 141(6.5%) / 粗利 467(21.4%)
0		(利益剰余金) 13(0.4%) / 当期純利益 43(2.0%)

ROE	12.5%	ROE(2)	14.4%
レバレッジ比率	609.7%	レバレッジ比率(2)	471.8%
総資本回転率	0.64		
当期純利益率	2.0%		

173

図96　三菱レイヨンのCS(単位:億円)

	2005	2006	2007	2008	2009	5年計
営業CF	380	398	522	318	214	1832
投資CF	▲231	▲293	▲412	▲508	▲343	▲1787
財務CF	▲191	▲93	▲102	265	444	323

レンゴーは厳しい製紙業界にあってもこの5年間に総資本も売上高も増やしています。図93は三菱製紙です。三菱製紙の特徴は売上を上げつつ総資本の額を絞ってきていることです。有利子負債も15％程度削減しています。利益剰余金は2005年にマイナスだったものがプラスに転じています。経営努力の跡がPLとBSに表れているといっていいでしょう。

図94は三菱レイヨンです。三菱レイヨンはこの5年間の間に資本も売上も増えています。特に資本の伸びが大きくなっています。有利子負債も増えていますから他人資本を使って積極的に事業拡大をしてきたのでしょう。上の図96で直近の2年間のキャッシュフローを見れば、三菱レイヨンは営業キャッシュフローの約1.5倍を投資キャッシュフローに使っています。

図95のユニチカはかなり厳しい状態が続いているようです。莫大な有利子負債を抱え、2009年の利益剰余金はマイナスになっています。

⑨不動産

総資本回転率の小さい不動産業界

不動産業界は、三井不動産株式会社、三菱地所株式会社、住友不動産株式会社、東急不動産株式会社の4社を採り上げました。

不動産業界のPLとBSは今まで解説してきた業界のものとかなり異なります。不動産業界のPLとBSが小さい、つまり総資本回転率が小さい業界です。私たちの銀行への預金は銀行などの金融業のPLとBSのパターンによく似ています。BSから見れば負債です。銀行の自己資本は少なく、多くの他人資本を活用して商売しています。銀行の売上高は利息や運用益ですから売上額自体はかなり少なくなります。ただし、自己資本も少ないのでROEは悪くありません。

まさに不動産はそういった業態です。賃貸する莫大な額の物件（固定資産）を抱えていて、借入金も多いですね。売上は主に賃貸料でしょうから金額自体は少なくなります。

住友不動産	東急不動産

総資本 30064
時価総額 9616
売上高 6952

総資本 10357
時価総額 2213
売上高 5744

	住友不動産	東急不動産
	10.6%	5.2%
	2.19	1.13
	38.8	33.0
	13.9	10.6

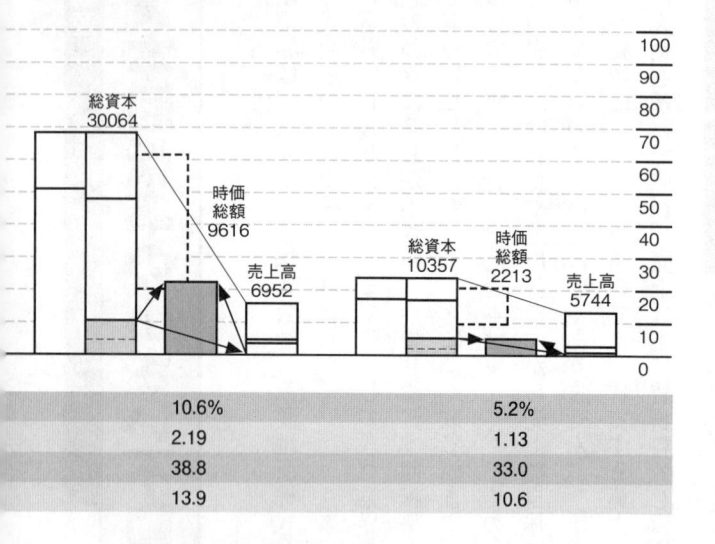

図98 不動産業界の売上高推移

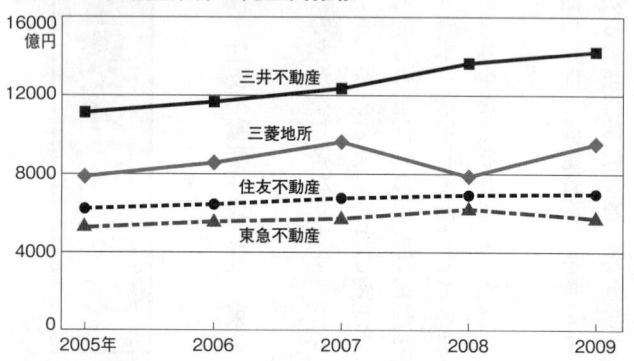

（2005年〜2009年、単位：億円）

- 三井不動産
- 三菱地所
- 住友不動産
- 東急不動産

第3章 図解分析で企業と業界力が見えてくる

❾ 不動産

図97 不動産業界のPLとBS（単位:億円）2009年3月期

三井不動産

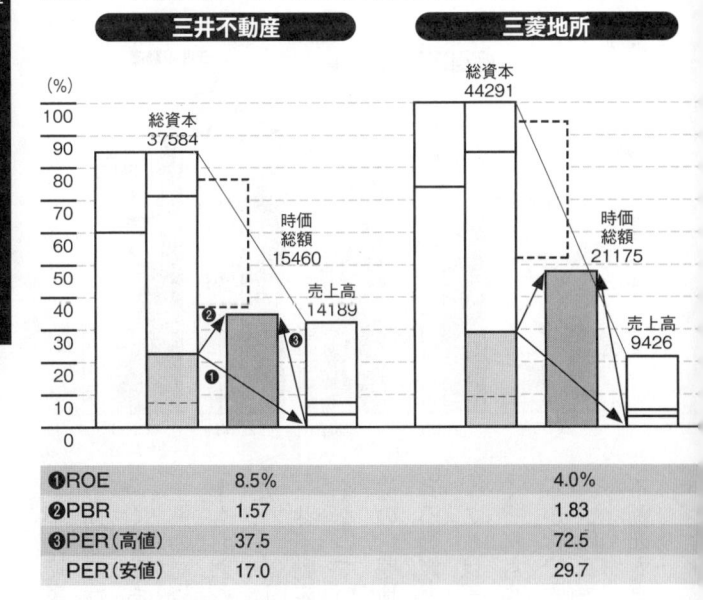

総資本 37584
時価総額 15460
売上高 14189

三菱地所

総資本 44291
時価総額 21175
売上高 9426

	三井不動産	三菱地所
❶ROE	8.5%	4.0%
❷PBR	1.57	1.83
❸PER（高値）	37.5	72.5
PER（安値）	17.0	29.7

図99 不動産業界の経常利益推移

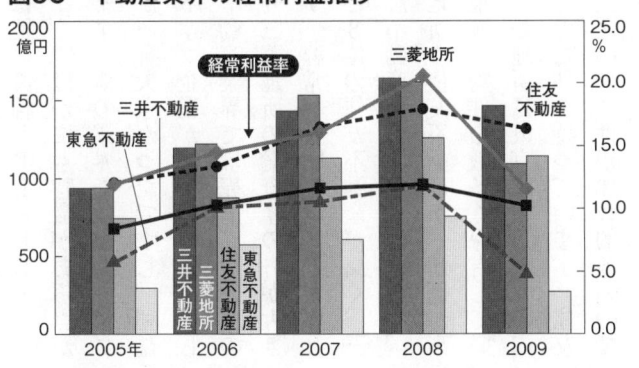

経常利益率

三菱地所
三井不動産
住友不動産
東急不動産

2005年 2006 2007 2008 2009

図100 不動産業界の当期純利益推移

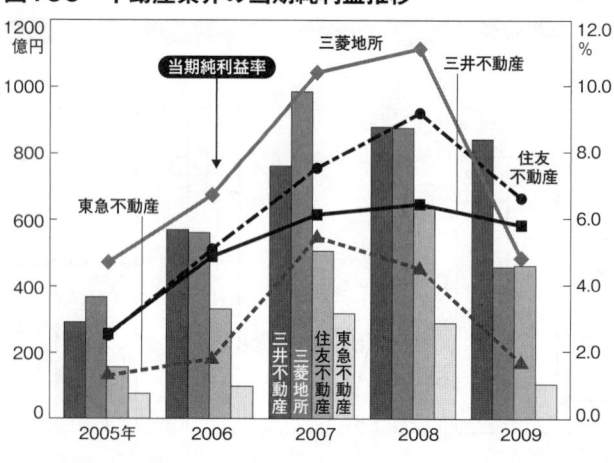

不動産業界は他の業種とPLとBSの形状が違うだけでなく、ほかにも特徴がある点がいくつかあります。他の業界では売上トップ企業の総資産が一番大きかったですし、利益率もおおむねトップ企業が一番良い数字でした。しかし、不動産業界では売上高トップの三井不動産より三菱地所の総資産の方が大きくなっています。経常利益率を見ると業界2位の三菱地所と3位の住友不動産が高く、三井不動産と東急不動産が低くなっています。

これは三菱地所や住友不動産が、地価が高く賃料も高い地域の物件を数多く保有しているからです。三菱地所は東京駅周辺の丸の内や大手町に多くの物件を持っています。住友不動産も東京23区内の物件が比較的多いので

❾ 不動産

すが、三井不動産はテレビCMでもおなじみの「ららぽーと」や「東京ミッドタウン」などの商業施設が得意分野だからです。また、東急不動産は賃貸ビジネス自体の比率が少なく、他の会社とはPLとBSの形状自体が異なっています。得意分野の差、業態の差がPLとBSの形状にくっきり表れています。

不動産業界の利益率は他の業界と比較しても比較的高くなっています（図99）。この利益率の高さが他の業界にくらべてPBRが高い理由なのでしょう。特に、業界の中でも利益率の高い三菱地所と住友不動産のPBRが高くなっています。PBRというのは本当に企業の力をよく反映しています。

不動産業界では、業界1位から3位の三井不動産、三菱地所、住友不動産の2005年から2009年にかけてのPLとBSの動きはよく似ています。ここでは業界トップの三井不動産を例にとってその変化を見ておきましょう（次ページの図101）。

不動産業界は2005年から2008年の好況期にPL・BS共に大きくなっています。利益率も改善し、負債の額も増えています。2009年でいえば売上高以上の1兆5000億円規模の有利子負債を抱えています。実は三菱地所と住友不動産も1兆8000億円規模の有利子負債を抱えています。そして、この3社共に300億円

三井不動産　2008年3月期

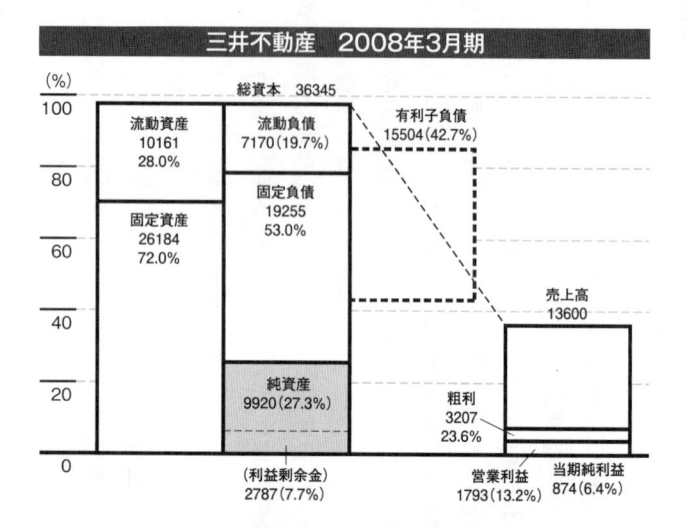

(%)　　　　　　総資本　36345

- 流動資産　10161　28.0%
- 固定資産　26184　72.0%
- 流動負債　7170 (19.7%)
- 固定負債　19255　53.0%
- 純資産　9920 (27.3%)
- (利益剰余金)　2787 (7.7%)
- 有利子負債　15504 (42.7%)
- 売上高　13600
- 粗利　3207　23.6%
- 営業利益　1793 (13.2%)
- 当期純利益　874 (6.4%)

三井不動産　2009年3月期

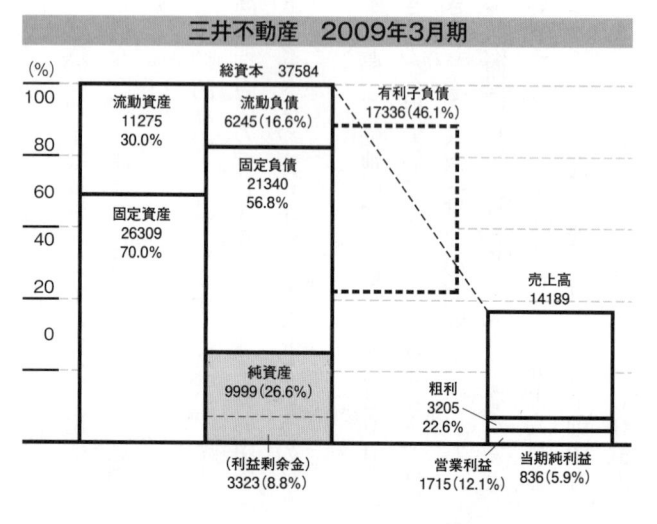

(%)　　　　　　総資本　37584

- 流動資産　11275　30.0%
- 固定資産　26309　70.0%
- 流動負債　6245 (16.6%)
- 固定負債　21340　56.8%
- 純資産　9999 (26.6%)
- (利益剰余金)　3323 (8.8%)
- 有利子負債　17336 (46.1%)
- 売上高　14189
- 粗利　3205　22.6%
- 営業利益　1715 (12.1%)
- 当期純利益　836 (5.9%)

第3章　図解分析で企業と業界力が見えてくる

⑨ 不動産

図101　三井不動産のPLとBSの比較（単位:億円）

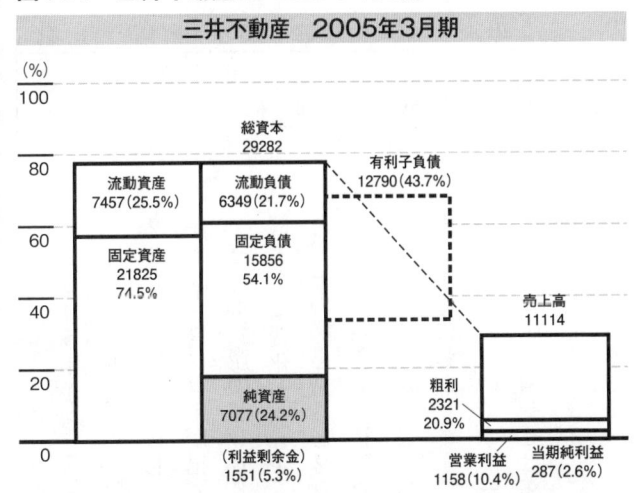

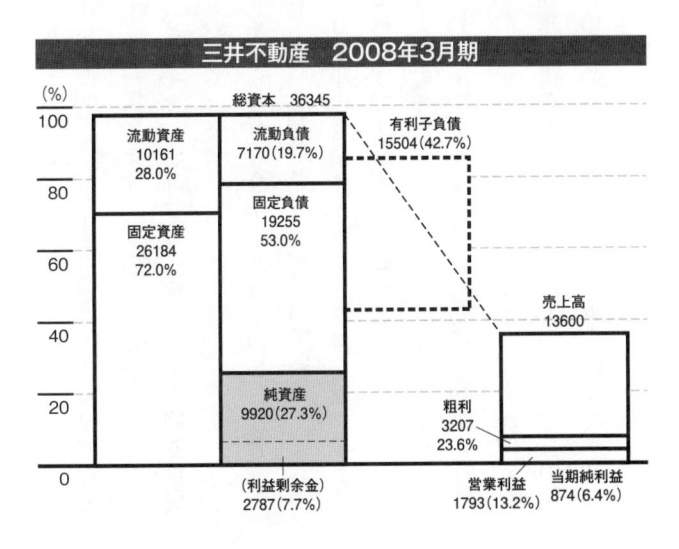

三井不動産　2005年3月期

総資本 29282

- 流動資産 7457（25.5%）
- 固定資産 21825　74.5%
- 流動負債 6349（21.7%）
- 固定負債 15856　54.1%
- 純資産 7077（24.2%）
- （利益剰余金）1551（5.3%）
- 有利子負債 12790（43.7%）
- 売上高 11114
- 粗利 2321　20.9%
- 営業利益 1158（10.4%）
- 当期純利益 287（2.6%）

三井不動産　2008年3月期

総資本 36345

- 流動資産 10161　28.0%
- 固定資産 26184　72.0%
- 流動負債 7170（19.7%）
- 固定負債 19255　53.0%
- 純資産 9920（27.3%）
- （利益剰余金）2787（7.7%）
- 有利子負債 15504（42.7%）
- 売上高 13600
- 粗利 3207　23.6%
- 営業利益 1793（13.2%）
- 当期純利益 874（6.4%）

図102　三井不動産のCS（単位:億円）

	2005	2006	2007	2008	2009	5年計
営業CF	1001	225	580	978	▲410	2374
投資CF	▲769	▲608	▲770	▲3922	▲1416	▲7485
財務CF	▲521	▲124	381	2761	1822	4319

規模の支払利息がPLに計上されています。

2005年から2008年にかけて三井不動産が巨額の投資をしてきたことはCSにも表れています。上の図を見てください。2006年以降一貫して営業キャッシュフローを大きく上回る投資キャッシュフローが出ていっています。

三井不動産の2008年から2009年にかけてのPLとBSには大きな変化がありませんね。利益もしっかり出ています。しかし、上の図を見ると2009年の営業キャッシュフローはマイナスになっています。PLでは黒字ですが実際のキャッシュフローは良くなかったのでしょうか。これは実際のキャッシュフロー計算書を見れば理由がすぐにわかります。1258億円にのぼる「販売用不動産の増加」によるものです。一般の企業でいえば在庫です。売上が増えないのに在庫を増やせば在庫取得のために現金は出ていき手持ちの現金は少なくなります。このため営業キャッシュフローがマイナスになっているのです。

⑩ 総合建設

4社横並びのゼネコン業界

最後はゼネコンです。英語で総合建設業のことをGeneral Contractorsというのでゼネコンです。ゼネコンは**鹿島建設株式会社、清水建設株式会社、株式会社大林組、大成建設株式会社**の4社を採り上げました。

ゼネコンはいままで説明してきた業界とは全く異なる構図です。大手4社の売上規模がほぼ同じなのです。特殊な業界ですね。経済においては経験則的に「パレートの法則」という「べき乗則」が成り立つと言われています。経済以外にも社会現象や自然現象にも多く当てはまると言われています。「80：20の法則」とも言われたりしますが、すべてが80：20の比というわけではありません。世の中のことは偏りがあるのが普通だということであり、全体の数値の大部分は、全体を構成するうちの一部の要素が生み出しているという説です。

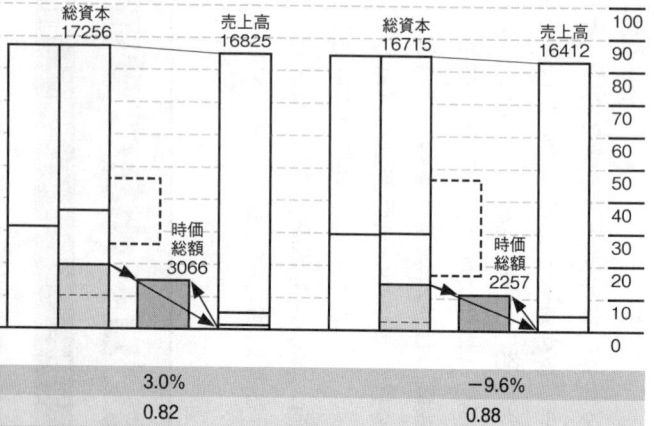

	大林組	大成建設
総資本	17256	16715
売上高	16825	16412
時価総額	3066	2257
	3.0%	−9.6%
	0.82	0.88
	29.0	21.8
	16.5	11.6

図104 ゼネコン業界の売上高推移

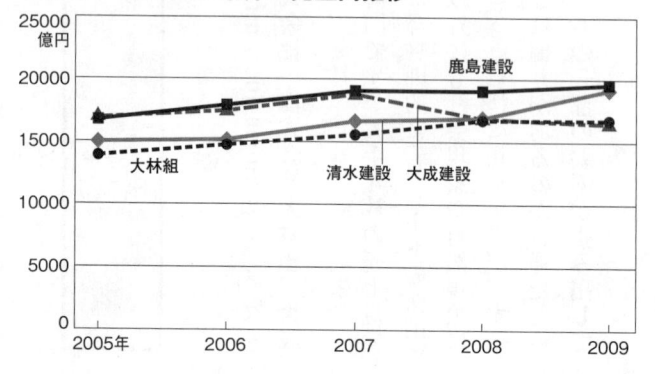

第3章 図解分析で企業と業界力が見えてくる

⓾ 総合建設

図103 ゼネコン業界のPLとBS（単位：億円） 2009年3月期

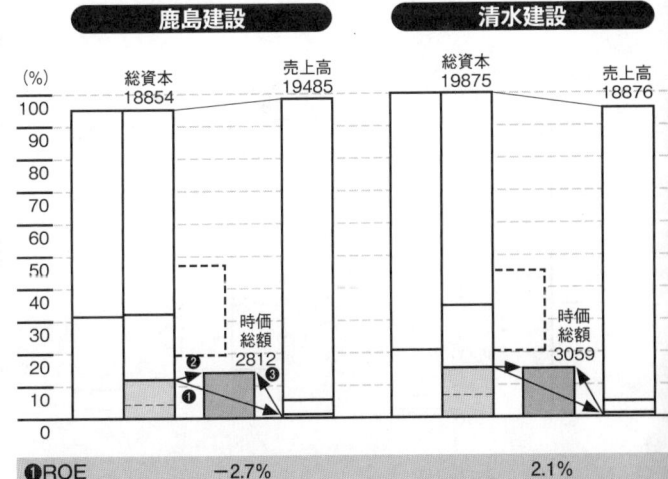

鹿島建設

総資本 18854
売上高 19485
時価総額 2812

清水建設

総資本 19875
売上高 18876
時価総額 3059

	鹿島建設	清水建設
❶ROE	−2.7%	2.1%
❷PBR	1.17	1.03
❸PER（高値）	19.3	40.3
PER（安値）	11.4	23.7

図105 ゼネコン業界の経常利益推移

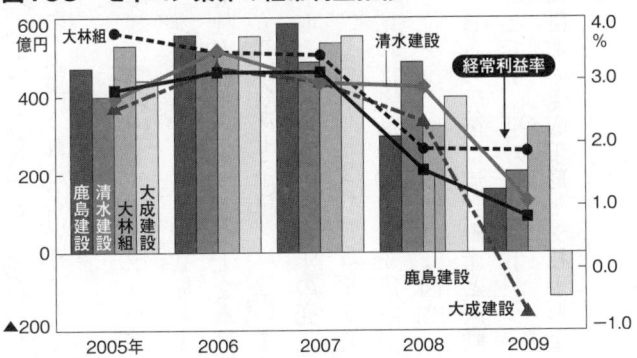

（棒グラフ：鹿島建設、清水建設、大林組、大成建設の2005年〜2009年の経常利益）

経常利益率
大林組
清水建設
鹿島建設
大成建設

185

大林組　　　　　　**大成建設**

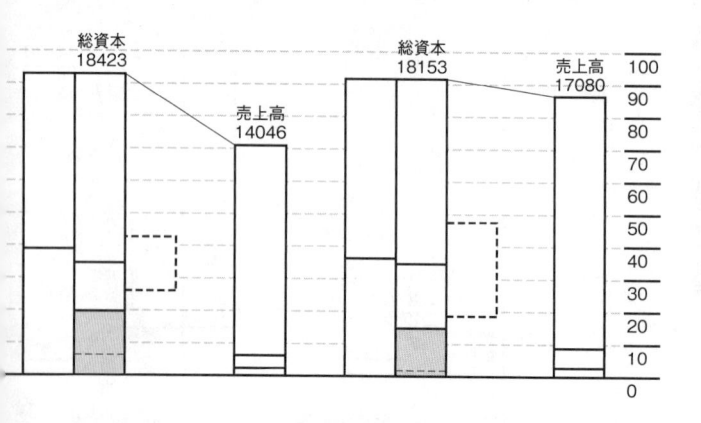

総資本　　　　　　　　総資本
18423　　　　　　　　 18153　　　　　売上高
　　　　　　売上高　　　　　　　　　17080
　　　　　　14046

　業界の売上でいえば、売上の8割は上位2割の会社で生み出されるということでしょう。

　他のほとんどの業界はまさにそういった状態でした。業界トップもしくは業界の1位・2位の会社が極端に大きな売上をあげていました。ところがゼネコンは違います。図103のPLとBSは2009年の売上高順に並べていますが、2005年から2008年で見れば鹿島建設と大成建設が業界の1位2位を争っていました（図104）。

　建設業界のBSの特徴は流動資産と流動負債が多いことです。足の長い仕事が多いので各社共に巨額の受取手形と支払手形を持っています。

図106　ゼネコン業界のPLとBS (単位:億円) 2005年3月期

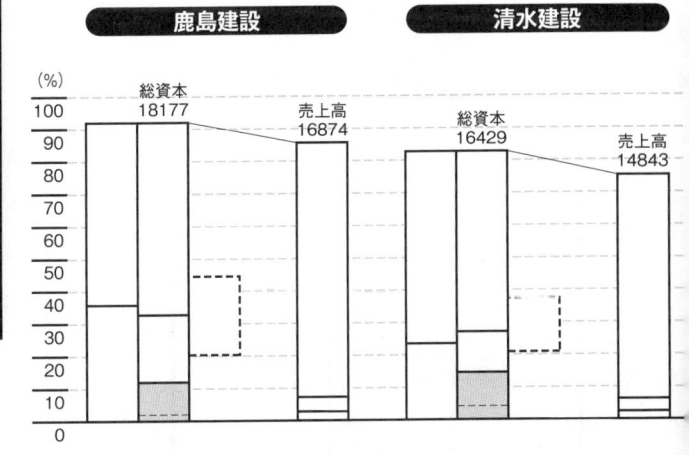

鹿島建設　　　　　　　　**清水建設**

総資本 18177　売上高 16874　総資本 16429　売上高 14843

この4社の中では大林組の有利子負債の少なさが目立ちます。利益剰余金も多く業界の中では比較的堅実なビジネスをしてきたのではないかと思われます。2009年の利益率も、最も高くなっています。

業界の4社は同じような売上規模ではありますが、この5年間の推移を見ると4社には大きな違いがあります（図104）。売上が伸びているのは鹿島建設と清水建設ですが、大林組と大成建設は若干停滞気味です。その様子は売上高だけでなくPLとBSの形状にも出ています。図106は2005年の各社のPLとBSです。図103と同じ縮尺で作っていますので違いを見比べてみてください。

【清水建設】2009年3月期

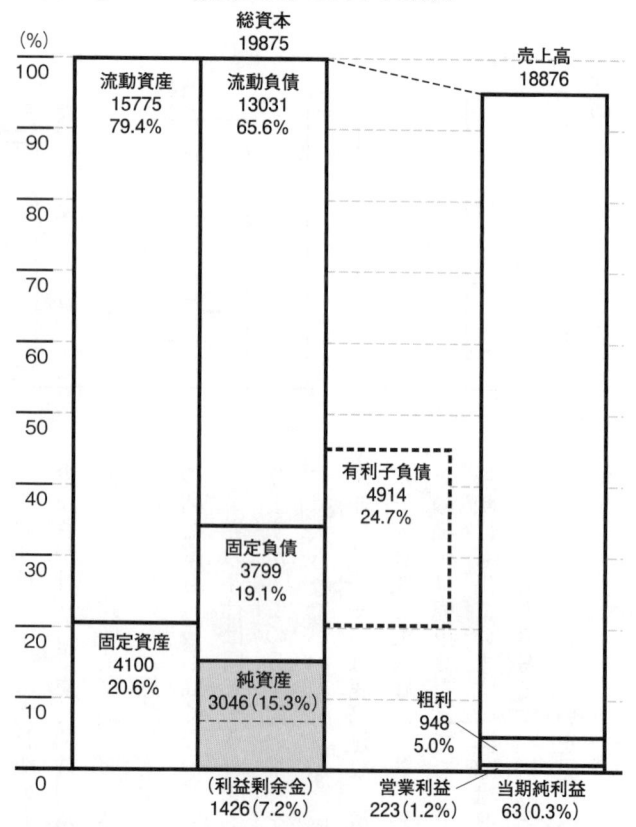

総資本 19875	
流動資産 15775 79.4%	流動負債 13031 65.6%
	固定負債 3799 19.1%
固定資産 4100 20.6%	純資産 3046 (15.3%)

有利子負債 4914 24.7%

売上高 18876

粗利 948 5.0%

(利益剰余金) 1426 (7.2%)　営業利益 223 (1.2%)　当期純利益 63 (0.3%)

ROE	2.1%	ROE(2)	2.1%
レバレッジ比率	161.3%	レバレッジ比率(2)	100.0%
総資本回転率	0.95		
当期純利益率	0.3%		

第3章　図解分析で企業と業界力が見えてくる

⑩ 総合建設

図107　清水建設の期間比較（単位:億円）
【清水建設】2005年3月期

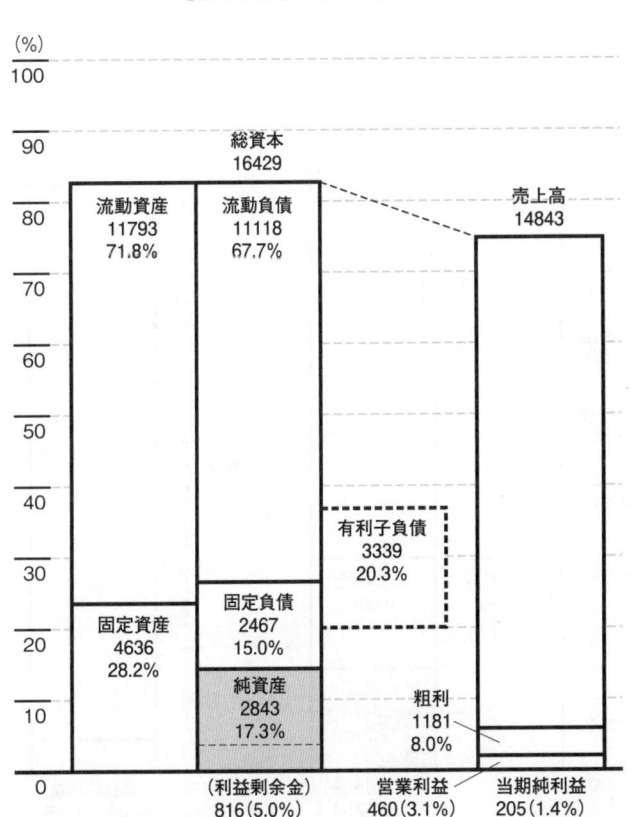

(%)

- 流動資産　11793　71.8%
- 流動負債　11118　67.7%
- 総資本　16429
- 売上高　14843
- 有利子負債　3339　20.3%
- 固定資産　4636　28.2%
- 固定負債　2467　15.0%
- 純資産　2843　17.3%
- 粗利　1181　8.0%
- （利益剰余金）816（5.0%）
- 営業利益　460（3.1%）
- 当期純利益　205（1.4%）

ROE	7.2%	ROE(2)	7.4%
レバレッジ比率	117.4%	レバレッジ比率(2)	46.0%
総資本回転率	0.90		
当期純利益率	1.4%		

【大成建設】2009年3月期

(%)

総資本 16715		売上高 16412
流動資産 10820 64.7%	流動負債 10742 64.3%	
	有利子負債 5720 34.2%	
固定資産 5894 35.3%	固定負債 3125 18.7%	
	純資産 2847 17.0%	粗利 953 5.8%
(利益剰余金) 612(3.7%)	営業利益 ▲7(0.0%)	当期純利益 ▲244(-1.5%)

ROE	-8.6%	ROE(2)	-9.6%
レバレッジ比率	200.9%	レバレッジ比率(2)	109.2%
総資本回転率	0.98		
当期純利益率	-1.5%		

第3章　図解分析で企業と業界力が見えてくる

⑩ 総合建設

図108　大成建設の期間比較（単位:億円）
【大成建設】2005年3月期

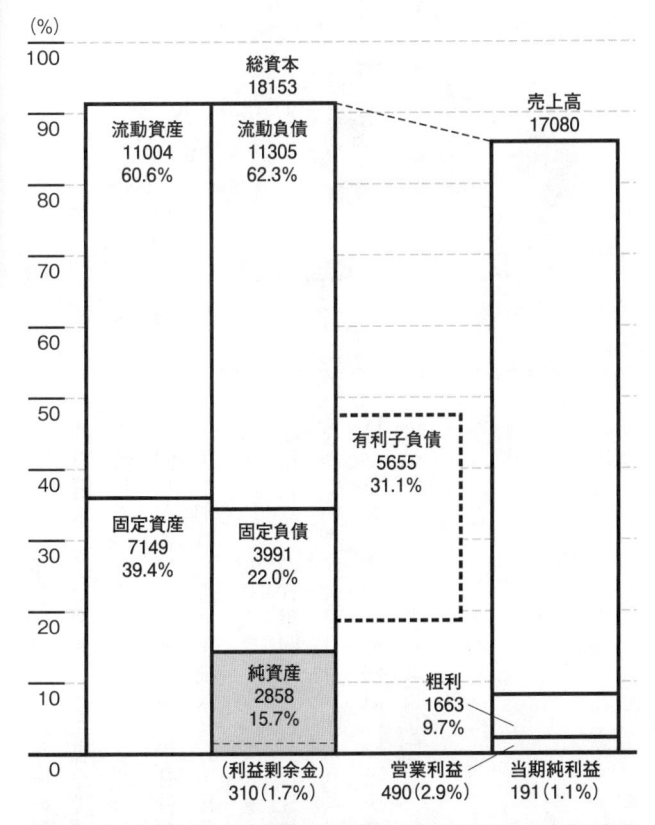

(%)

- 総資本 18153
- 流動資産 11004 60.6%
- 流動負債 11305 62.3%
- 売上高 17080
- 有利子負債 5655 31.1%
- 固定資産 7149 39.4%
- 固定負債 3991 22.0%
- 純資産 2858 15.7%
- 粗利 1663 9.7%
- （利益剰余金）310（1.7%）
- 営業利益 490（2.9%）
- 当期純利益 191（1.1%）

ROE	6.7%	ROE（2）	7.4%
レバレッジ比率	197.9%	レバレッジ比率（2）	122.0%
総資本回転率	0.94		
当期純利益率	1.1%		

191

図109 ゼネコン業界の当期純利益推移

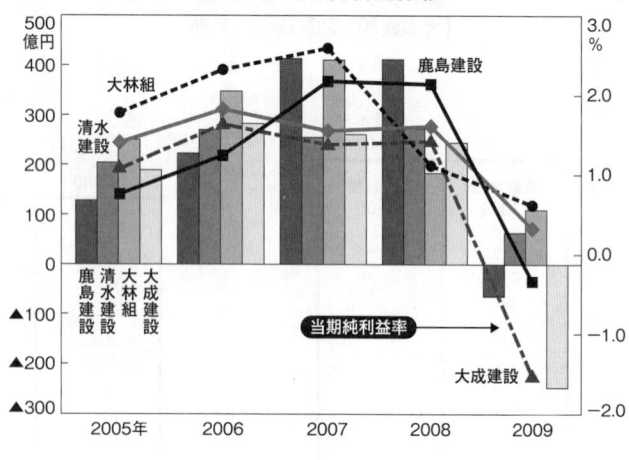

ゼネコン業界ではこの5年間の動きが対照的な清水建設（図107）と大成建設（図108）を比較しています。

同じゼネコン業界でもこの2社の変化は全く逆ですね。清水建設はPL・BS共にこの5年間にかなり大きくなっています。逆に大成建設はこの5年間にPL・BS共に小さくなっています。2009年の利益も清水建設はプラスですが大成建設はマイナスです。明暗が分かれています（図105）。

コラム 使用したデータに関する注意事項

本書で使用した時価総額、PBR、実績PERの値は『会社四季報』(東洋経済新報社)の2009年4集に掲載されていたデータを使用させていただいています。時価総額は2009年の8月27日の株価を使用しています。PBRは計算方法の違いにより、単純に時価総額を純資産合計で割った値とは微妙に違っているものがあります。PERの最高平均と最低平均は、過去3決算期について各決算期内の最高株価と最低株価に対してそれぞれの実績「1株益」からPERを求めその平均を採っているようです。

なお、作図するために使用した財務データは各社の有価証券報告書に記載されている数字を使っています。

BSの左側の「その他」の項目は、それぞれの企業の財務諸表が日本の会計基準で作られているか米国の会計基準で作られているかによって異なります。日本の会計基準の場合は資産の部が「流動資産」「固定資産」「繰延資産」に別れていますの

で、日本の会計基準で作られている財務諸表の場合の「その他」は「繰延資産」を表します。

米国の会計基準の場合は資産の部が「流動資産」「投資及び貸付金」「長期債権」「有形固定資産」「その他の資産」に分かれていますので、米国の会計基準で作られている場合の「その他の資産」は「投資及び貸付金」などは「固定資産」の合計額を表しています。米国会計基準における「その他の資産」などは「固定資産」に入れています。

会社法施行前の財務諸表及び米国の会計基準で作られた財務諸表の場合は「少数株主持分」が「負債の部」と「資本の部」の間に独立項目として記載されていますが、作図する場合は「少数株主持分」を「純資産の部」に入れて表記しています。また、「資本の部」という表記も「純資産の部」という表記にそろえています。

ソニー株式会社の「有利子負債」には「銀行ビジネスにおける顧客預金」と「保険契約債務その他」が含まれています。

PLに関していえば、売上高は基本的にPLの「売上高」の数字を使っていますが、ソニー株式会社の売上高のみ「売上高及び営業収入」の数字を「売上高」として使っています。株式会社セブン&アイ・ホールディングス及び三洋電機株式会社

の売上高は「売上高」のみで、その他の営業収益は「売上高」に入れていません。米国の会計基準で作られた財務諸表には「売上総利益」の表記がないものがありますが、その場合の「売上総利益」は「売上高」から「売上原価」を差し引いて計算しています。

また、米国の会計基準で作られた財務諸表には「経常利益」の概念がありません。「経常利益」の表では「税引前利益」の数値を使っています。

なお、PLの図の中の「当期純利益」を表す線は一切記載していません。したがって、ROE及びPERを表す矢印　→　はどの会社のものもPLの基準線あたりを示すように作図しています。

第4章

業界に横串を入れて比較する

最後の第4章では業界に横串を入れて比較してみましょう。業界に横串を入れることにより、業界による企業規模の違いを実感してください。これまで登場した企業をさまざまな角度から比較ランキングしました。

また、『産業別財務データハンドブック』（株式会社日本政策投資銀行・編）のデータを使って各業界の平均点なPLとBSを紹介します。業界ごとの財務諸表の特徴が浮かび上がってくると同時に、業界全体と個別企業が比較検討できると思います。

業界トップの企業を比較する

第3章でとりあげた16業種それぞれの業界における売上高トップ企業16社をピックアップし、PLとBSを同一縮尺で売上高順に並べてみました（図110）。業界による規模の違いが直感的につかめると思います。日立製作所やパナソニックといった電機メーカーの規模が大きいですね。日立製作所の売上高は約10兆円ですから、日本の国家予算の10％程度の売上があるわけです。

売上高順に作図してありますが、それぞれのトップ企業16社を、売上高順、総資本順、時価総額順、ROE順、「2005年から2008年までの売上高増加率順」、「2008

第4章 業界に横串を入れて比較する

年から2009年の間の売上高下落率順」に並べて、その順位だけを棒グラフにしておきました。

202ページからの図111～図116を見れば、規模の大きさや景気変動への影響度が見えてくると思います。規模とは関係なく、ROEは武田薬品、日本郵船、新日鐵といった会社がよくなっています。売上高の景気変動からいえば、予想できる通り、味の素や日本ハムといった食品関連の企業が景気変動の影響をあまり受けていないようです。

日本郵船や新日鐵はROEもいい上に2005年から2008年まで大きく成長していますが、2008年から2009年の売上高の落ち込みはそれほど顕著ではありません。さらに、第3章で見たように海運や鉄鋼は利益率も高い業界でした。投資先企業としては魅力的ですね。

なお、2005年から2008年までの売上高増加率順、2008年から2009年の間の売上高下落率順の表については、三越伊勢丹は過去の連結データがありませんので三越伊勢丹の代わりに髙島屋を掲載しました。また、セブン&アイの2005年のデータがないので、セブン&アイの2005年の欄にあるのは2006年の数字です。

| 三菱ケミカル | 日本郵船 | JAL | 鹿島建設 |

総資本 27409 / 売上高 29090
総資本 20713 / 売上高 24300
総資本 17507 / 売上高 19512
総資本 18854 / 売上高 19485

| 王子製紙 | 味の素 | 日本ハム | フジテレビ |

総資本 17075 / 売上高 12671
総資本 10578 / 売上高 11904
総資本 5837 / 売上高 10284
総資本 6835 / 売上高 5633

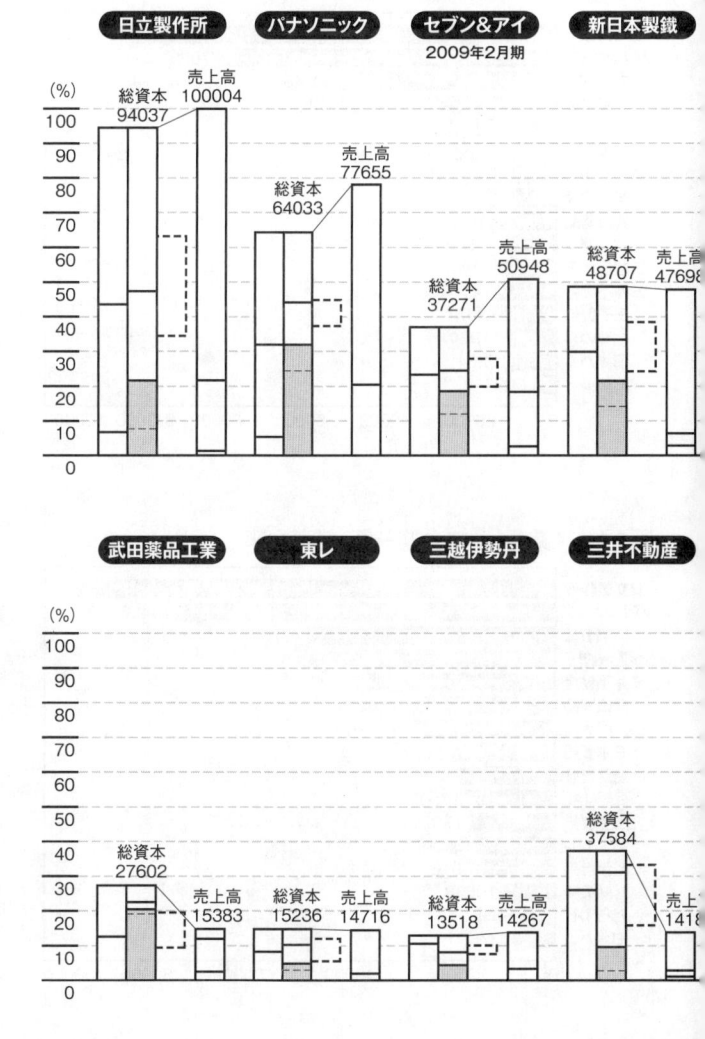

第4章 業界に横串を入れて比較する

図110　業界トップ企業一覧：売上高順（単位:億円）2009年3月期

日立製作所　**パナソニック**　**セブン&アイ**（2009年2月期）　**新日本製鐵**

(%)

- 日立製作所：総資本 94037／売上高 100004
- パナソニック：総資本 64033／売上高 77655
- セブン&アイ：総資本 37271／売上高 50948
- 新日本製鐵：総資本 48707／売上高 47698

武田薬品工業　**東レ**　**三越伊勢丹**　**三井不動産**

(%)

- 武田薬品工業：総資本 27602／売上高 15383
- 東レ：総資本 15236／売上高 14716
- 三越伊勢丹：総資本 13518／売上高 14267
- 三井不動産：総資本 37584／売上高 1418(?)

201

図111　業界トップ企業一覧：売上高順

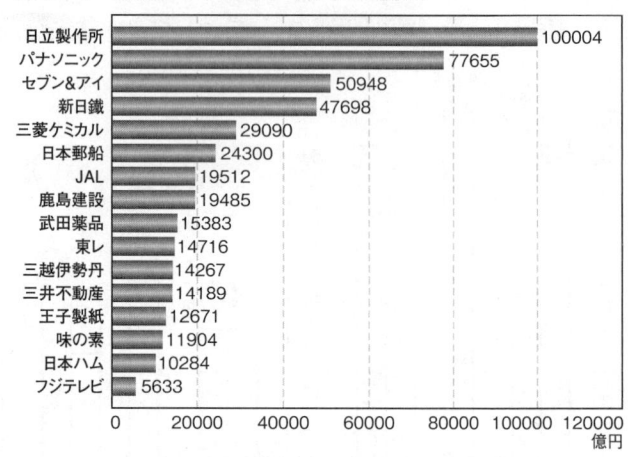

企業	売上高（億円）
日立製作所	100004
パナソニック	77655
セブン&アイ	50948
新日鐵	47698
三菱ケミカル	29090
日本郵船	24300
JAL	19512
鹿島建設	19485
武田薬品	15383
東レ	14716
三越伊勢丹	14267
三井不動産	14189
王子製紙	12671
味の素	11904
日本ハム	10284
フジテレビ	5633

図112　業界トップ企業一覧：総資本順

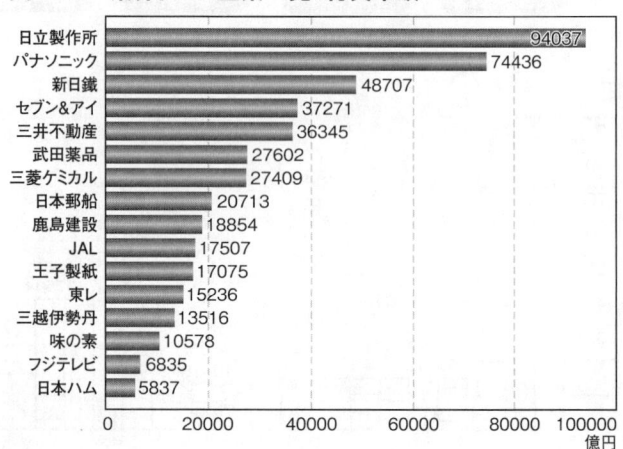

企業	総資本（億円）
日立製作所	94037
パナソニック	74436
新日鐵	48707
セブン&アイ	37271
三井不動産	36345
武田薬品	27602
三菱ケミカル	27409
日本郵船	20713
鹿島建設	18854
JAL	17507
王子製紙	17075
東レ	15236
三越伊勢丹	13516
味の素	10578
フジテレビ	6835
日本ハム	5837

第4章　業界に横串を入れて比較する

図113　業界トップ企業一覧：時価総額順

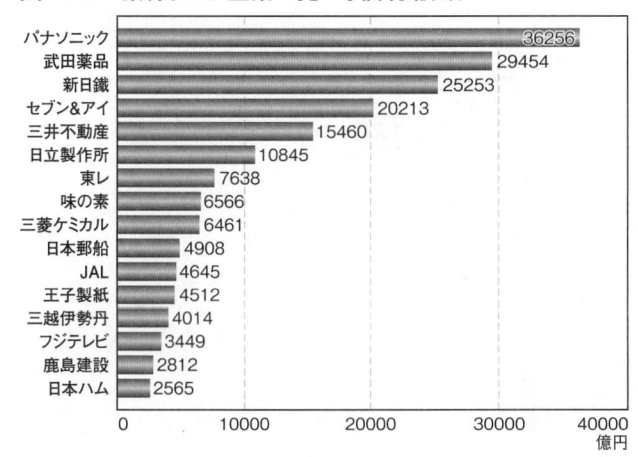

企業	億円
パナソニック	36256
武田薬品	29454
新日鐵	25253
セブン&アイ	20213
三井不動産	15460
日立製作所	10845
東レ	7638
味の素	6566
三菱ケミカル	6461
日本郵船	4908
JAL	4645
王子製紙	4512
三越伊勢丹	4014
フジテレビ	3449
鹿島建設	2812
日本ハム	2565

図114　業界トップ企業一覧：ROE順

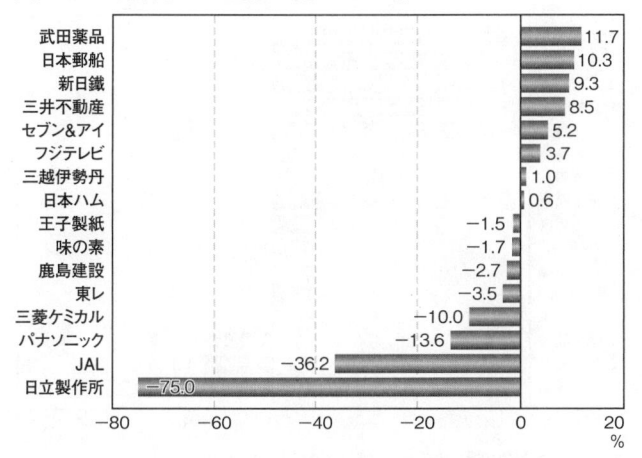

企業	%
武田薬品	11.7
日本郵船	10.3
新日鐵	9.3
三井不動産	8.5
セブン&アイ	5.2
フジテレビ	3.7
三越伊勢丹	1.0
日本ハム	0.6
王子製紙	-1.5
味の素	-1.7
鹿島建設	-2.7
東レ	-3.5
三菱ケミカル	-10.0
パナソニック	-13.6
JAL	-36.2
日立製作所	-75.0

図115　業界トップ企業一覧：2005-08年売上高増加率順

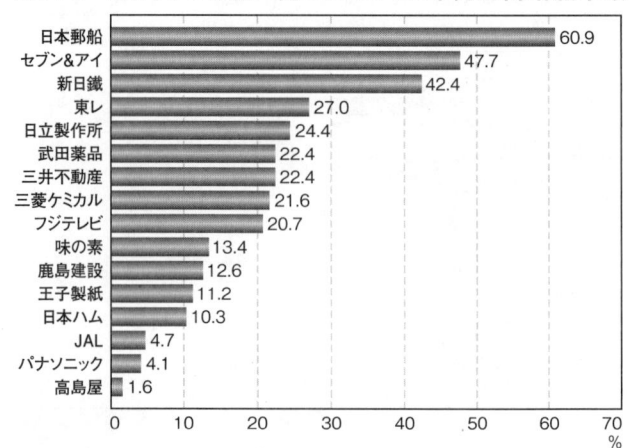

- 日本郵船　60.9
- セブン&アイ　47.7
- 新日鐵　42.4
- 東レ　27.0
- 日立製作所　24.4
- 武田薬品　22.4
- 三井不動産　22.4
- 三菱ケミカル　21.6
- フジテレビ　20.7
- 味の素　13.4
- 鹿島建設　12.6
- 王子製紙　11.2
- 日本ハム　10.3
- JAL　4.7
- パナソニック　4.1
- 高島屋　1.6

(%)

ただし、セブン&アイのみ2005年の数字に2006年のデータを使用。
三越伊勢丹は過去のデータがないので髙島屋を掲載。

図116　業界トップ企業一覧：2008-09年売上高下落率順

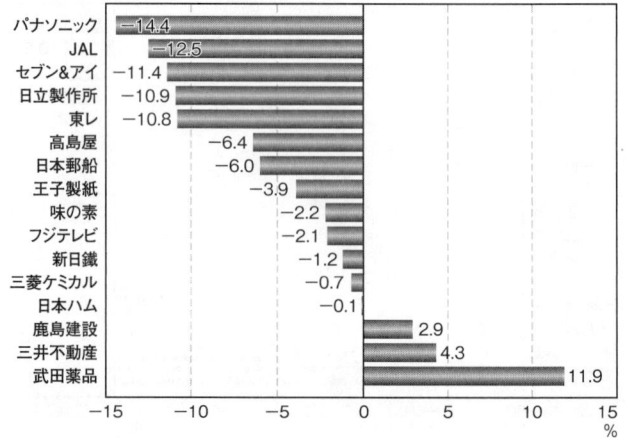

- パナソニック　−14.4
- JAL　−12.5
- セブン&アイ　−11.4
- 日立製作所　−10.9
- 東レ　−10.8
- 高島屋　−6.4
- 日本郵船　−6.0
- 王子製紙　−3.9
- 味の素　−2.2
- フジテレビ　−2.1
- 新日鐵　−1.2
- 三菱ケミカル　−0.7
- 日本ハム　−0.1
- 鹿島建設　2.9
- 三井不動産　4.3
- 武田薬品　11.9

(%)

ただし、三越伊勢丹は過去のデータがないので髙島屋を掲載。

業界ごとの平均的なPLとBSのパターン

『産業別財務データハンドブック』には、各業界の平均値をとったPLとBSのデータが掲載されています。2009年版に掲載されている最新の数字を使って各業界の平均的なPLとBSの図を掲載しておきます。

206～207ページの図117は16業種を一覧にしたものです。図118～図133は各業界のPLとBSの図です。図117～図133はBSの形状だけを比較したものであり、業界ごとに総資本か売上高のどちらか大きい方を100％として作図しています。

なお、図117～図133の業界名の後ろの会社数は、『産業別財務データハンドブック』で、その業界として集計された企業数を表しています。また、図中の有利子負債が宙に浮いたような形になっているのは、有利子負債の流動負債分と固定負債分のデータがなかったので、有利子負債の合計額だけを入力して作図していることを示しています。

また、224ページの図134に、1458社の連結財務諸表の平均的なPLとBSの形状を掲載していますので参考にしてください。これが日本の上場企業全体の平均的なPLとBSの形状です。

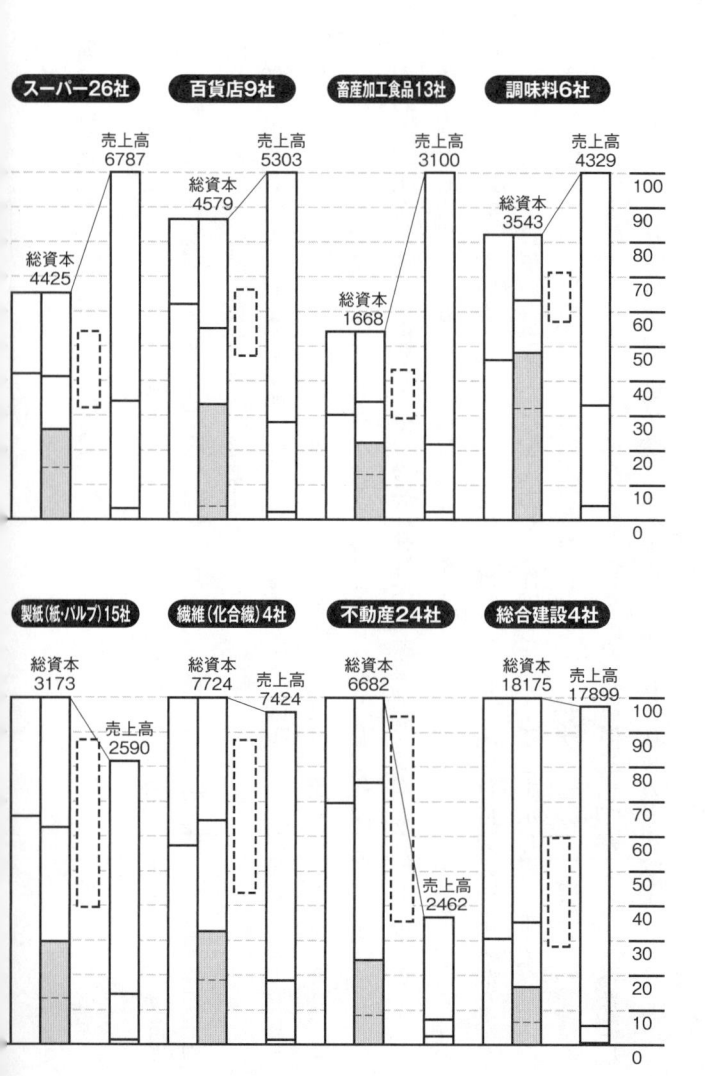

スーパー26社
総資本 4425
売上高 6787

百貨店9社
総資本 4579
売上高 5303

畜産加工食品13社
総資本 1668
売上高 3100

調味料6社
総資本 3543
売上高 4329

製紙(紙・パルプ)15社
総資本 3173
売上高 2590

繊維(化合繊)4社
総資本 7724
売上高 7424

不動産24社
総資本 6682
売上高 2462

総合建設4社
総資本 18175
売上高 17899

206

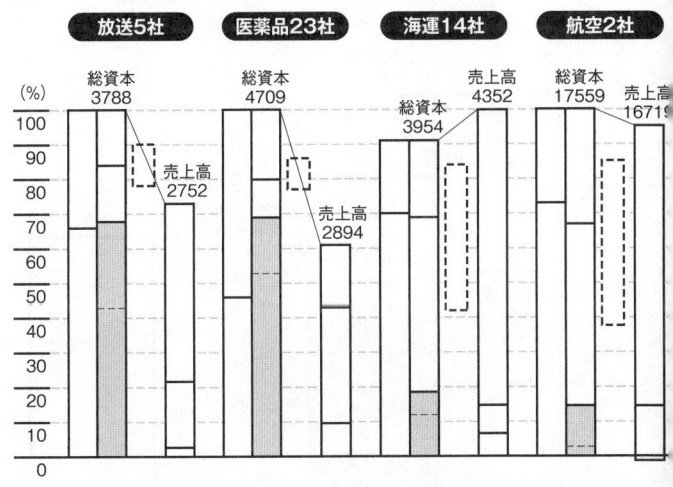

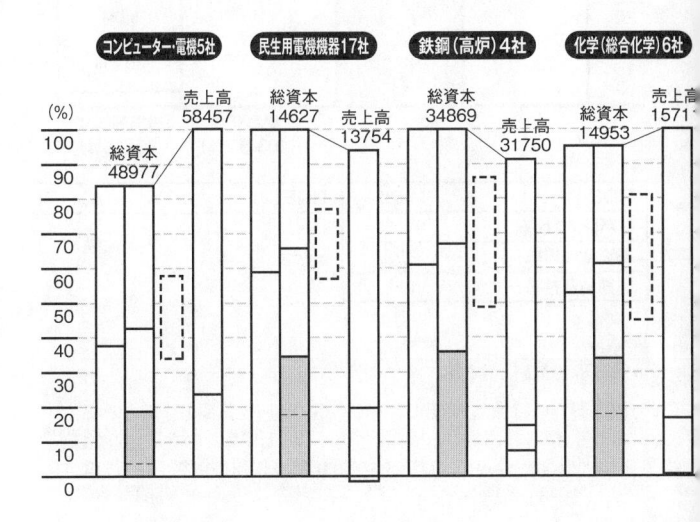

第4章 業界に横串を入れて比較する

図117　各業界の平均的なPLとBS一覧（単位:億円）2009年版

放送5社 — 総資本 3788／売上高 2752

医薬品23社 — 総資本 4709／売上高 2894

海運14社 — 総資本 3954／売上高 4352

航空2社 — 総資本 17559／売上高 16719

コンピューター・電機5社 — 総資本 48977／売上高 58457

民生用電機機器17社 — 総資本 14627／売上高 13754

鉄鋼（高炉）4社 — 総資本 34869／売上高 31750

化学（総合化学）6社 — 総資本 14953／売上高 15711

207

図118 放送業界の平均的なPLとBS (単位:億円)

【放送5社】2009年版

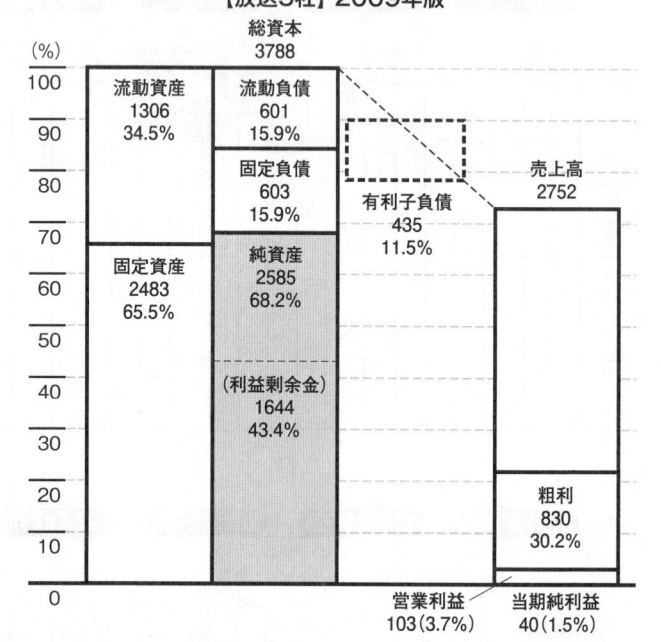

流動資産 1306 34.5%	流動負債 601 15.9%	
	固定負債 603 15.9%	売上高 2752
		有利子負債 435 11.5%
固定資産 2483 65.5%	純資産 2585 68.2%	
	(利益剰余金) 1644 43.4%	粗利 830 30.2%

総資本 3788

営業利益 103 (3.7%)　当期純利益 40 (1.5%)

ROE	1.6%	ROE(2)	1.6%
レバレッジ比率	16.8%		
総資本回転率	0.73		
当期純利益率	1.5%		

👁 業界 *Watch!*

放送業界の特徴は利益剰余金の多さと有利子負債の少なさです。これまで非常に良い環境の中でビジネスをしてきたのでしょう。ただ、広告収入減やネットへのシフトで近年急速に利益率を下げています。

第4章 業界に横串を入れて比較する

図119 医薬品業界の平均的なPLとBS（単位:億円）
【医薬品23社】2009年版

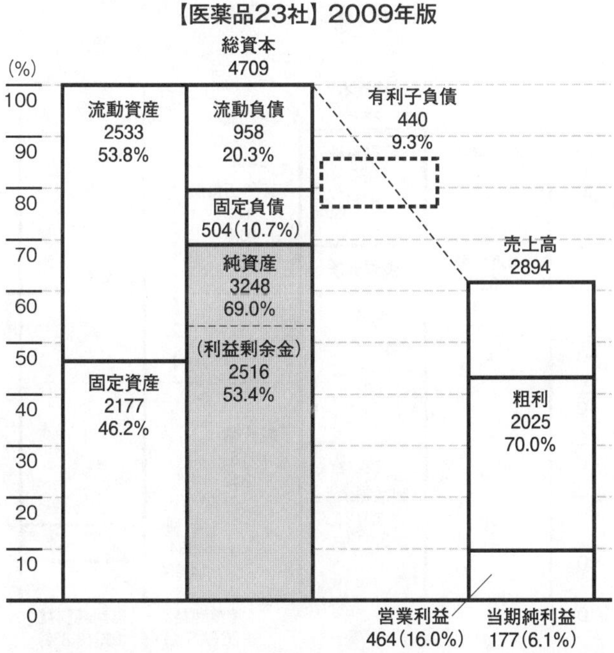

総資本 4709
- 流動資産 2533 / 53.8%
- 固定資産 2177 / 46.2%
- 流動負債 958 / 20.3%
- 固定負債 504（10.7%）
- 純資産 3248 / 69.0%
- （利益剰余金）2516 / 53.4%
- 有利子負債 440 / 9.3%

売上高 2894
- 粗利 2025 / 70.0%
- 営業利益 464（16.0%）
- 当期純利益 177（6.1%）

ROE	5.4%	ROE（2）	5.5%
レバレッジ比率	13.8%		
総資本回転率	0.61		
当期純利益率	6.1%		

👁 業界 *Watch!*

医薬品業界の特徴は利益剰余金の多さと粗利率の高さです。成功確率が低い新薬の開発には自前の資金を準備する必要があります。今後は開発費負担の増大が経営に重くのしかかってくるでしょう。

図120　海運業界の平均的なPLとBS（単位：億円）
【海運14社】2009年版

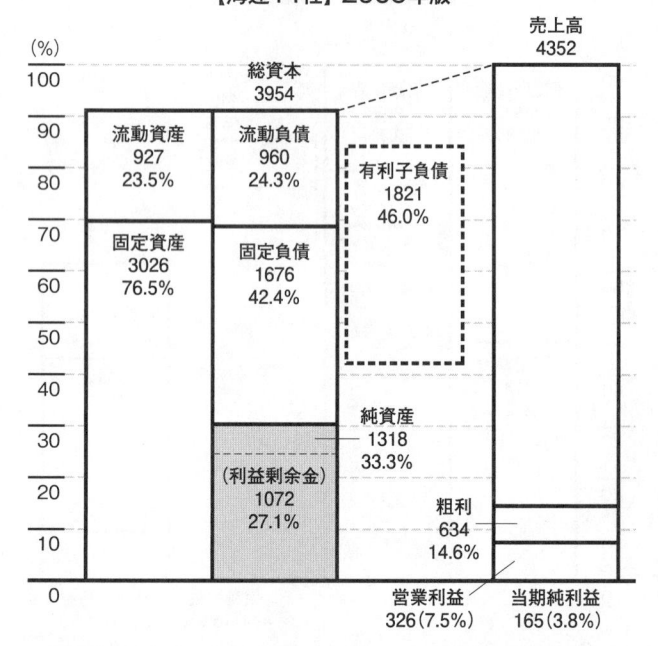

総資本 3954		売上高 4352
流動資産 927 23.5%	流動負債 960 24.3%	
		有利子負債 1821 46.0%
固定資産 3026 76.5%	固定負債 1676 42.4%	
	純資産 1318 33.3%	
	（利益剰余金） 1072 27.1%	粗利 634 14.6%
		営業利益 326（7.5%）　当期純利益 165（3.8%）

ROE	12.5%	ROE(2)	13.6%
レバレッジ比率	138.1%		
総資本回転率	1.1		
当期純利益率	3.8%		

👁 業界 *Watch!*

海運業は装置産業です。巨額の船舶という装置を使って事業を行います。他の重厚長大型の業界と同じく有利子負債が多くなっています。ただ、他の業界と比較しても利益率の高い業界です。

第4章 業界に横串を入れて比較する

図121 航空業界の平均的なPLとBS(単位:億円)

【航空2社】2009年版

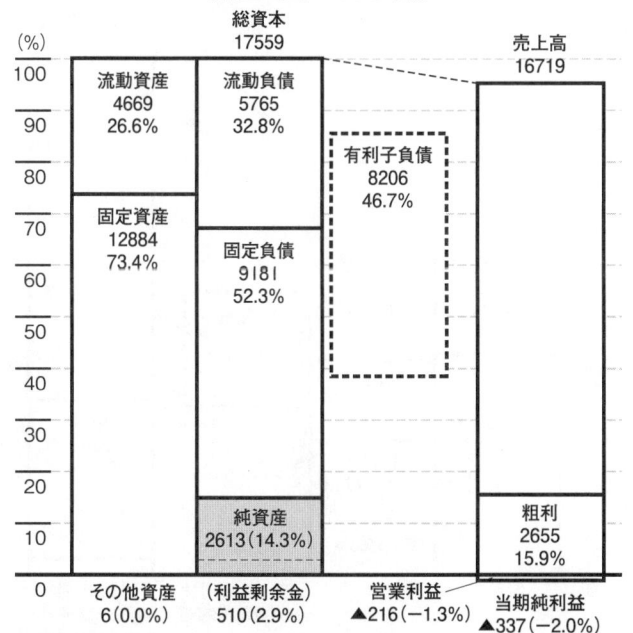

総資本 17559

流動資産 4669 26.6%	流動負債 5765 32.8%
	有利子負債 8206 46.7%
固定資産 12884 73.4%	固定負債 9181 52.3%
	純資産 2613(14.3%)
その他資産 6(0.0%)	(利益剰余金) 510(2.9%)

売上高 16719

粗利 2655 15.9%

営業利益 ▲216(−1.3%)

当期純利益 ▲337(−2.0%)

ROE	−12.9%	ROE(2)	−13.6%
レバレッジ比率	314.1%		
総資本回転率	0.95		
当期純利益率	−2.0%		

👁 業界 *Watch!*

航空業界といってもJALとANA2社の平均値です。海運業界と同じく多額の有利子負債を抱えています。海運業界との大きな違いは、利益率の低さと利益剰余金の少なさです。

図122 スーパー業界の平均的なPLとBS(単位:億円)
【スーパー26社】2009年版

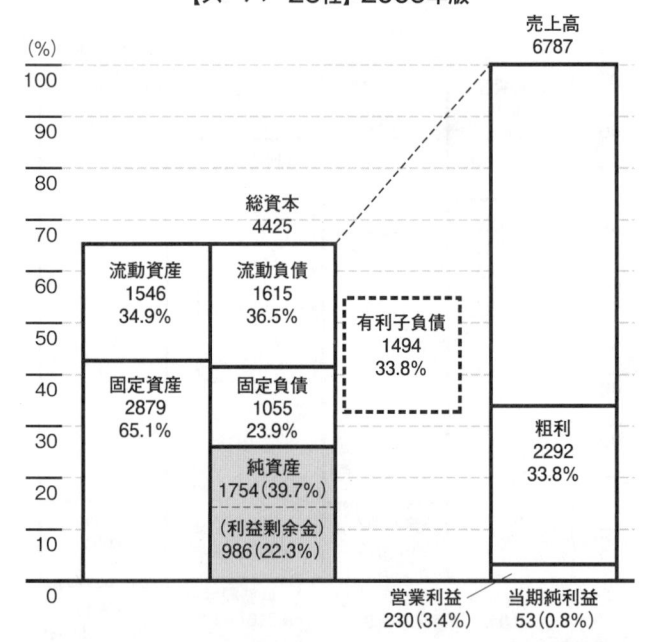

- 売上高 6787
- 総資本 4425
- 流動資産 1546 34.9%
- 流動負債 1615 36.5%
- 有利子負債 1494 33.8%
- 固定資産 2879 65.1%
- 固定負債 1055 23.9%
- 純資産 1754 (39.7%)
- (利益剰余金) 986 (22.3%)
- 粗利 2292 33.8%
- 営業利益 230 (3.4%)
- 当期純利益 53 (0.8%)

ROE	3.0%	ROE(2)	3.3%
レバレッジ比率	85.2%		
総資本回転率	1.5		
当期純利益率	0.8%		

👁 業界 *Watch!*

スーパーの特徴は利益率の低さです。ただ、このようなビジネスモデルで事業が継続できるのは景気変動を受けにくい業種だからでしょう。薄利多売の業界。コスト削減が利益に大きく影響する業種です。

第4章 業界に横串を入れて比較する

図123　百貨店業界の平均的なPLとBS（単位:億円）
【百貨店9社】2009年版

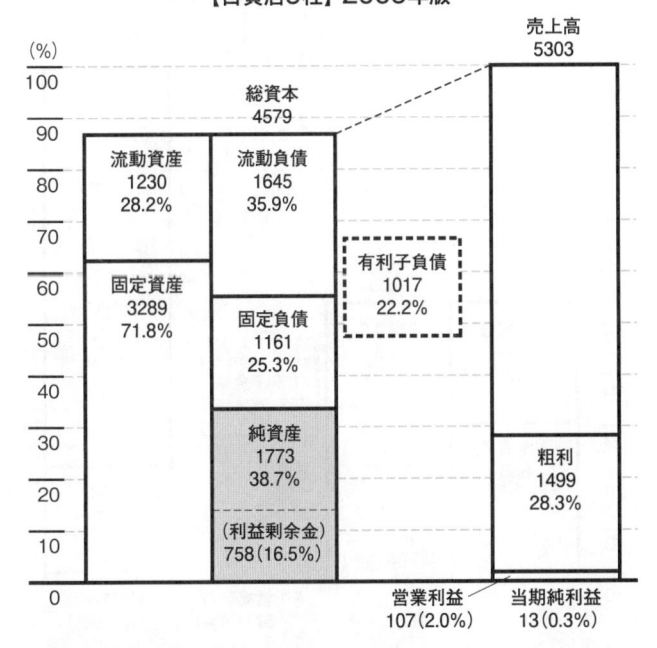

| 売上高 | 5303 |

（BS・PL図表）
- 流動資産 1230　28.2%
- 固定資産 3289　71.8%
- 総資本 4579
- 流動負債 1645　35.9%
- 固定負債 1161　25.3%
- 純資産 1773　38.7%
- （利益剰余金）758（16.5%）
- 有利子負債 1017　22.2%
- 粗利 1499　28.3%
- 営業利益 107（2.0%）
- 当期純利益 13（0.3%）

ROE	0.8%	ROE（2）	0.8%
レバレッジ比率	57.4%		
総資本回転率	1.2		
当期純利益率	0.8%		

👁 業界Watch!

右のスーパーと比較すると同じ小売業でありながら総資本回転率が低いことがわかります。固定資産の比率が高いですね。現金商売である百貨店もスーパーも流動比率が100％未満になっています。

図124　畜産加工食品業界の平均的なPLとBS（単位:億円）
【畜産加工食品13社】2009年版

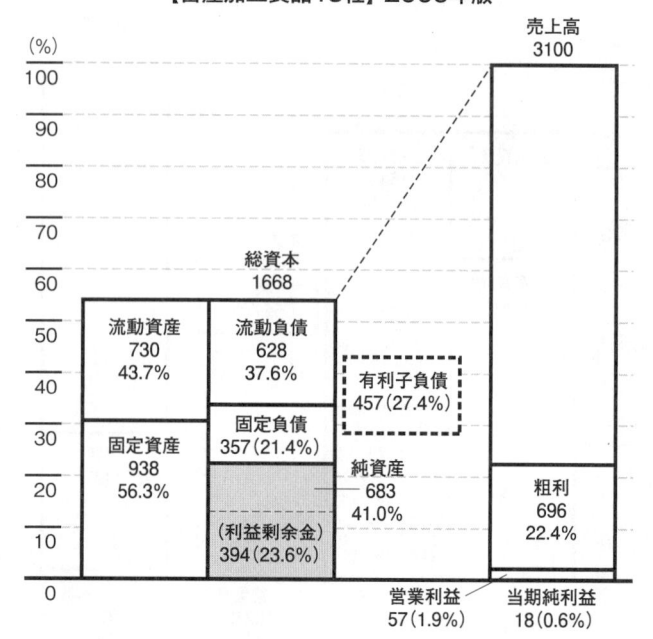

[グラフ]
- 売上高 3100
- 総資本 1668
- 流動資産 730 (43.7%)
- 固定資産 938 (56.3%)
- 流動負債 628 (37.6%)
- 固定負債 357 (21.4%)
- 有利子負債 457 (27.4%)
- 純資産 683 (41.0%)
- （利益剰余金）394 (23.6%)
- 粗利 696 (22.4%)
- 営業利益 57 (1.9%)
- 当期純利益 18 (0.6%)

ROE	2.6%	ROE（2）	2.7%
レバレッジ比率	66.8%		
総資本回転率	1.9		
当期純利益率	0.6%		

◎ 業界 *Watch!*

畜産加工業界の特徴は総資本回転率の高さです。少ない資本で多くの売上をあげる業界です。この業界は外部の加工会社を活用したり、食材の商社的機能も持っているのでこのような形なのでしょう。

第4章 業界に横串を入れて比較する

図125 調味料業界の平均的なPLとBS（単位：億円）
【調味料6社】2009年版

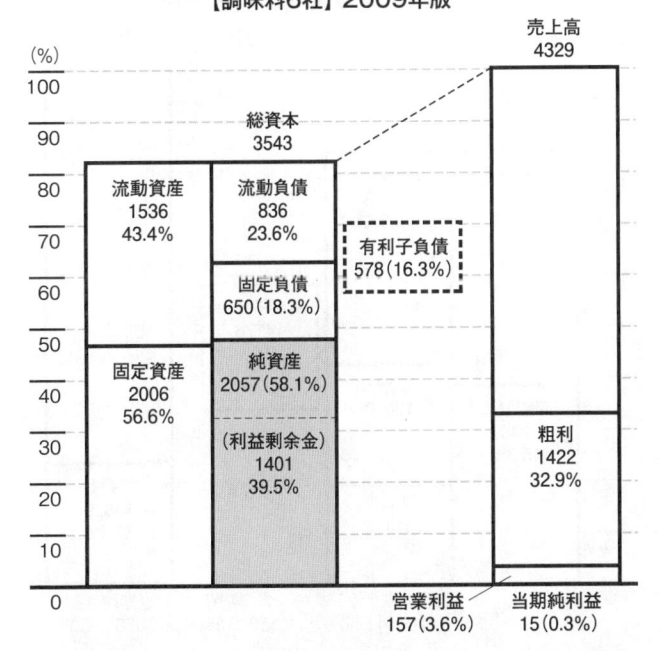

売上高 4329
総資本 3543

- 流動資産 1536 43.4%
- 流動負債 836 23.6%
- 固定負債 650（18.3%）
- 有利子負債 578（16.3%）
- 固定資産 2006 56.6%
- 純資産 2057（58.1%）
- （利益剰余金）1401 39.5%
- 粗利 1422 32.9%
- 営業利益 157（3.6%）
- 当期純利益 15（0.3%）

ROE	0.7%	ROE(2)	0.8%
レバレッジ比率	28.1%		
総資本回転率	1.2		
当期純利益率	0.3%		

👁 業界 *Watch!*

調味料業界は利益剰余金が多く有利子負債の少ない優良な形になっています。対象企業が6社しかなく、味の素やキッコーマンなどの優良企業の影響が業界の平均値に影響しています。

図126 コンピューター・電機業界の平均的なPLとBS(単位:億円)
【コンピューター・電機5社】2009年版

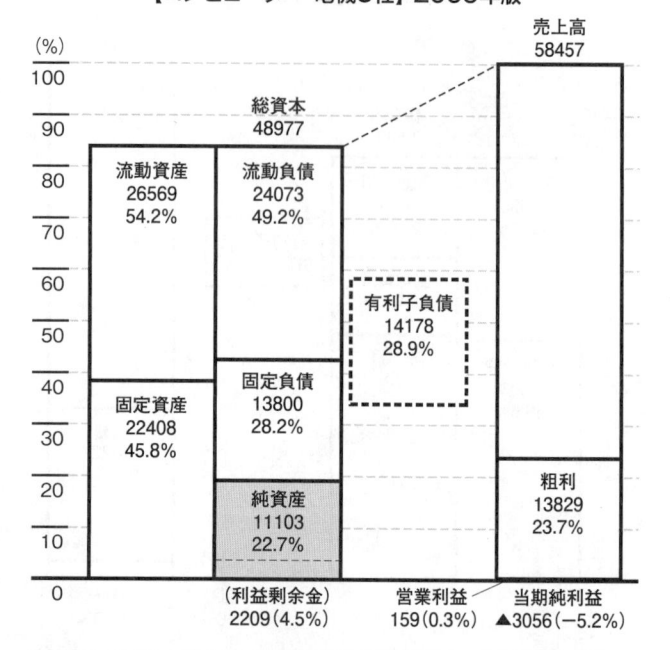

売上高	58457
総資本	48977
流動資産	26569 (54.2%)
流動負債	24073 (49.2%)
固定資産	22408 (45.8%)
固定負債	13800 (28.2%)
有利子負債	14178 (28.9%)
純資産	11103 (22.7%)
(利益剰余金)	2209 (4.5%)
粗利	13829 (23.7%)
営業利益	159 (0.3%)
当期純利益	▲3056 (−5.2%)

ROE	−27.5%	ROE(2)	−40.9%
レバレッジ比率	127.7%		
総資本回転率	1.2		
当期純利益率	−5.2%		

👁 業界 *Watch!*

この業界の特徴はなんといっても利益率の低さと利益剰余金の少なさです。第3章で見たように2009年は各社赤字転落です。景気変動の影響を受け易く、グローバルな競争環境も影響しているのでしょう。

第4章 業界に横串を入れて比較する

図127　民生用電気機器業界の平均的なPLとBS（単位:億円）
【民生用電気機器17社】2009年版

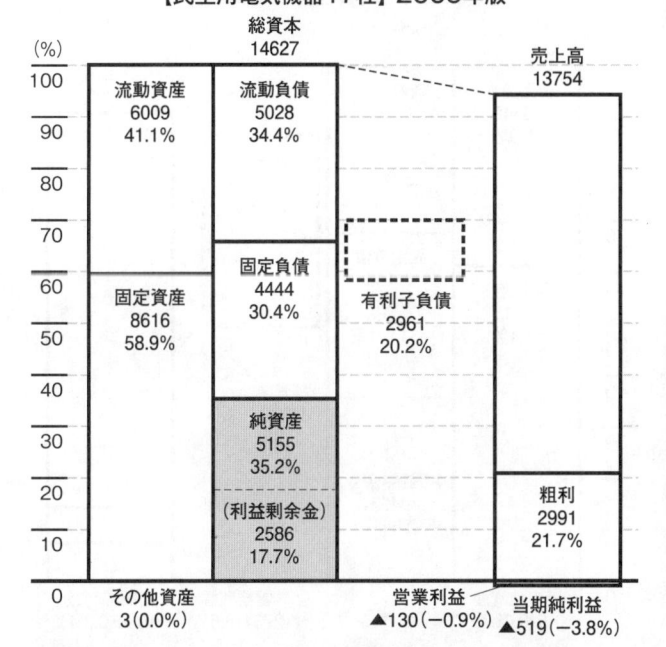

総資本 14627		売上高 13754
流動資産 6009 41.1%	流動負債 5028 34.4%	
固定資産 8616 58.9%	固定負債 4444 30.4%	有利子負債 2961 20.2%
	純資産 5155 35.2%	粗利 2991 21.7%
	（利益剰余金） 2586 17.7%	
その他資産 3(0.0%)		営業利益 ▲130(−0.9%)　当期純利益 ▲519(−3.8%)

ROE	−10.1%	ROE(2)	−10.1%
レバレッジ比率	57.4%		
総資本回転率	0.94		
当期純利益率	−3.8%		

👁 業界 *Watch!*

この業界も右のコンピューター・電機業界と同じく利益率が悪いのが特徴です。ただ、コンピューター・電機業界に比べると、利益剰余金が多く、有利子負債が少ないのがわかります。

図128　鉄鋼(高炉)業界の平均的なPLとBS(単位:億円)
【鉄鋼(高炉)4社】2009年版

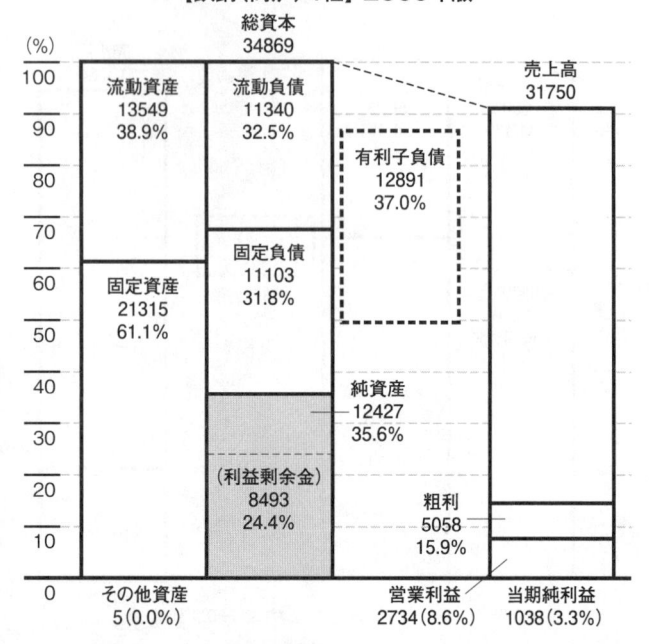

総資本	34869
流動資産	13549 (38.9%)
固定資産	21315 (61.1%)
その他資産	5 (0.0%)
流動負債	11340 (32.5%)
固定負債	11103 (31.8%)
有利子負債	12891 (37.0%)
純資産	12427 (35.6%)
(利益剰余金)	8493 (24.4%)
売上高	31750
粗利	5058 (15.9%)
営業利益	2734 (8.6%)
当期純利益	1038 (3.3%)

ROE	8.4%	ROE(2)	9.6%
レバレッジ比率	103.7%		
総資本回転率	0.91		
当期純利益率	3.3%		

👁 業界 *Watch!*

ここからの4業界は典型的な重厚長大型の業界です。巨額な有利子負債を抱えています。鉄鋼業界の特徴は粗利率と営業利益率の差が少ない、つまり販管費が少ない典型的な巨大装置産業です。

第4章 業界に横串を入れて比較する

図129 化学（総合化学）業界の平均的なPLとBS（単位:億円）
【化学（総合化学）6社】2009年版

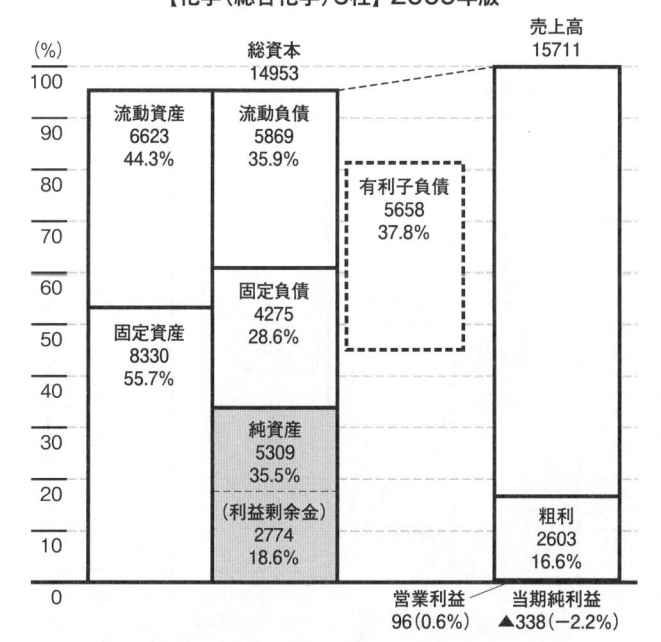

総資本 14953		
流動資産 6623 44.3%	流動負債 5869 35.9%	
	固定負債 4275 28.6%	有利子負債 5658 37.8%
固定資産 8330 55.7%	純資産 5309 35.5% （利益剰余金） 2774 18.6%	

売上高 15711
粗利 2603 16.6%
営業利益 96 (0.6%)
当期純利益 ▲338 (−2.2%)

ROE	−6.4%	ROE（2）	−7.9%
レバレッジ比率	106.6%		
総資本回転率	1.1		
当期純利益率	−2.2%		

👁 業界Watch!

化学業界の形状も鉄鋼業界と似ています。ただ、総資本や売上高の額を比較すると鉄鋼業界の半分くらいしかありません。装置産業は規模が大きいほど経営の効率が上がります。

図130　製紙（紙・パルプ）業界の平均的なPLとBS（単位:億円）

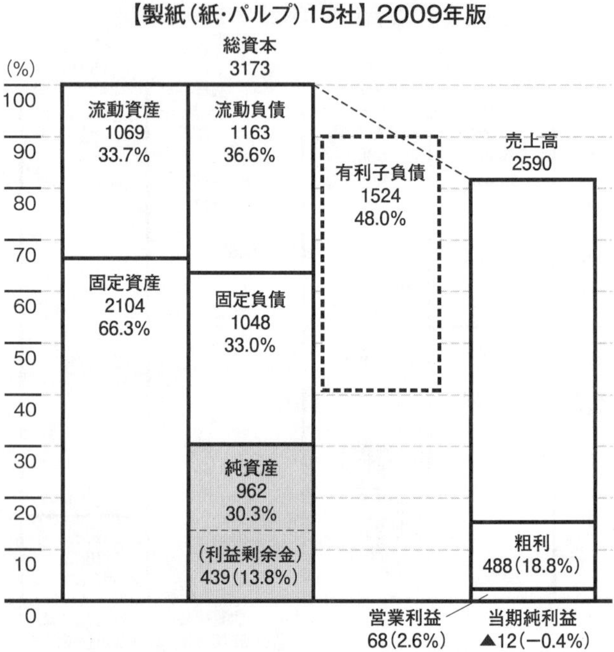
【製紙（紙・パルプ）15社】2009年版
総資本
3173
(%)
100
90
80
70
60
50
40
30
20
10
0
流動資産
1069
33.7%
固定資産
2104
66.3%
流動負債
1163
36.6%
固定負債
1048
33.0%
純資産
962
30.3%
（利益剰余金）
439（13.8%）
有利子負債
1524
48.0%
売上高
2590
粗利
488（18.8%）
営業利益
68（2.6%）
当期純利益
▲12（−0.4%）

ROE	−1.2%	ROE（2）	−1.3%
レバレッジ比率	158.5%		
総資本回転率	0.82		
当期純利益率	−0.4%		

業界*Watch!*

鉄鋼から繊維までの4つの装置産業の中では負債比率が一番大きくなっています。一方で利益剰余金率は4業界で最低です。第3章で見たように売上もここ数年上がっておらず厳しい業界のようです。

第4章 業界に横串を入れて比較する

図131 繊維（化合繊）業界の平均的なPLとBS（単位:億円）
【繊維（化合繊）4社】2009年版

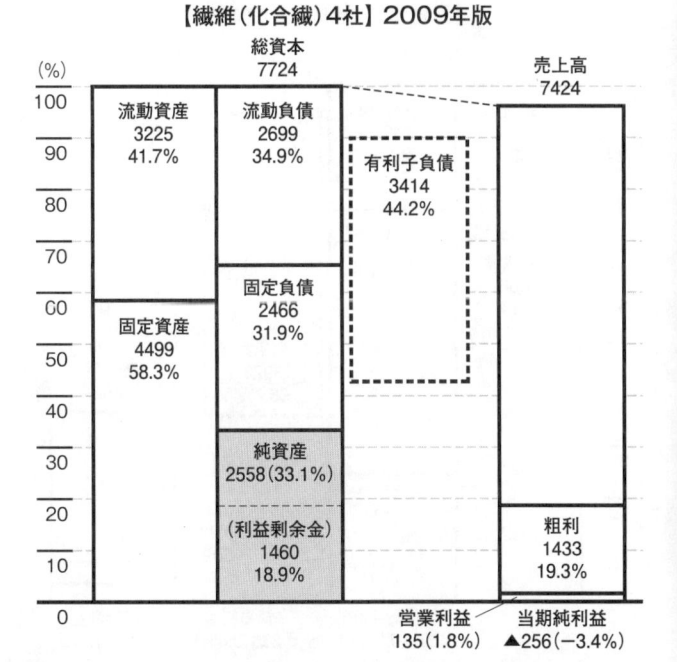

総資本 7724

売上高 7424

- 流動資産 3225 41.7%
- 固定資産 4499 58.3%
- 流動負債 2699 34.9%
- 有利子負債 3414 44.2%
- 固定負債 2466 31.9%
- 純資産 2558（33.1%）
- （利益剰余金）1460 18.9%
- 粗利 1433 19.3%
- 営業利益 135（1.8%）
- 当期純利益 ▲256（−3.4%）

ROE	−10.0%	ROE（2）	−10.9%
レバレッジ比率	133.4%		
総資本回転率	0.96		
当期純利益率	−3.4%		

👁 業界 *Watch!*

製紙業界と同じく4つの装置産業の中では負債比率が高いほうです。当期純利益率は4業界で最低であり、製紙業界と同じく厳しい環境に置かれている業界といえるでしょう。

図132　不動産業界の平均的なPLとBS(単位:億円)

【不動産24社】2009年版

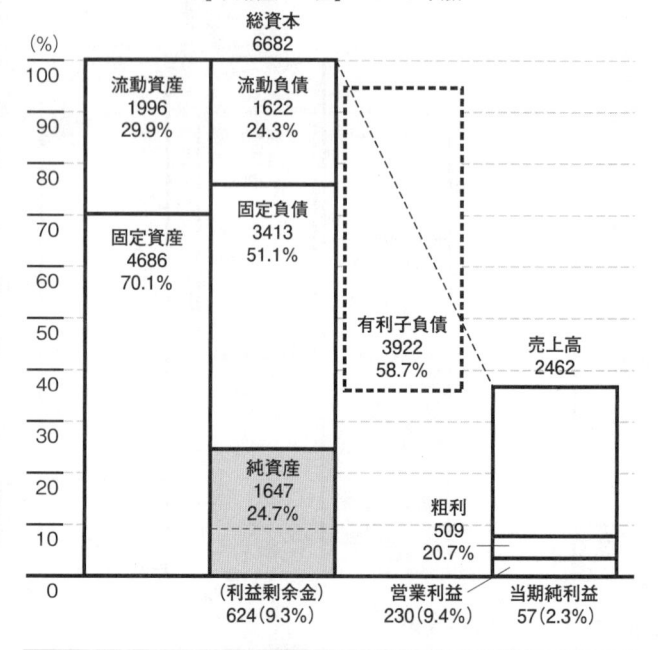

総資本	6682		
流動資産 1996 29.9%	流動負債 1622 24.3%		
固定資産 4686 70.1%	固定負債 3413 51.1%	有利子負債 3922 58.7%	売上高 2462
	純資産 1647 24.7%		粗利 509 20.7%
	(利益剰余金) 624 (9.3%)	営業利益 230 (9.4%)	当期純利益 57 (2.3%)

ROE	3.5%	ROE(2)	3.7%
レバレッジ比率	238.1%		
総資本回転率	0.37		
当期純利益率	2.3%		

👁 業界 *Watch!*

不動産業界のPLとBSの形は金融業に似ています。つまり、総資本回転率の低い業界です。巨額の有利子負債で不動産という固定資産を保有し、そこから賃貸料を取るビジネスです。

第4章 業界に横串を入れて比較する

図133 総合建設業界の平均的なPLとBS（単位:億円）
【総合建設4社】2009年版

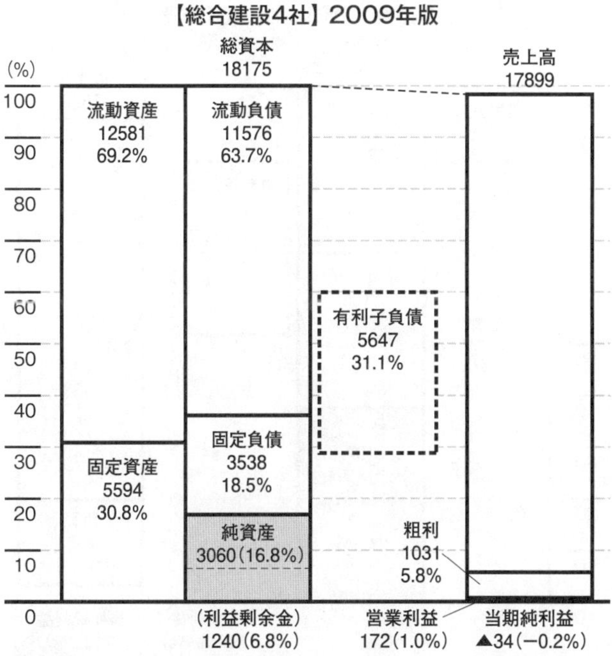

総資本 18175			売上高 17899
流動資産 12581 69.2%	流動負債 11576 63.7%		
	有利子負債 5647 31.1%（内数）		
固定資産 5594 30.8%	固定負債 3538 18.5%		
	純資産 3060（16.8%）	粗利 1031 5.8%	
	（利益剰余金）1240（6.8%）	営業利益 172（1.0%）	当期純利益 ▲34（−0.2%）

ROE	−1.1%	ROE(2)	−1.2%
レバレッジ比率	184.5%		
総資本回転率	0.98		
当期純利益率	−0.2%		

👁 業界 *Watch!*

総合建設業の特徴は流動資産・流動負債の多さと粗利率の低さです。受取手形・支払手形での商売が一般的な業界です。また、第3章で見たように、ゼネコンの利益率はここ3年ほど下がり続けています。

図134　全産業の平均的なPLとBS（単位:億円）

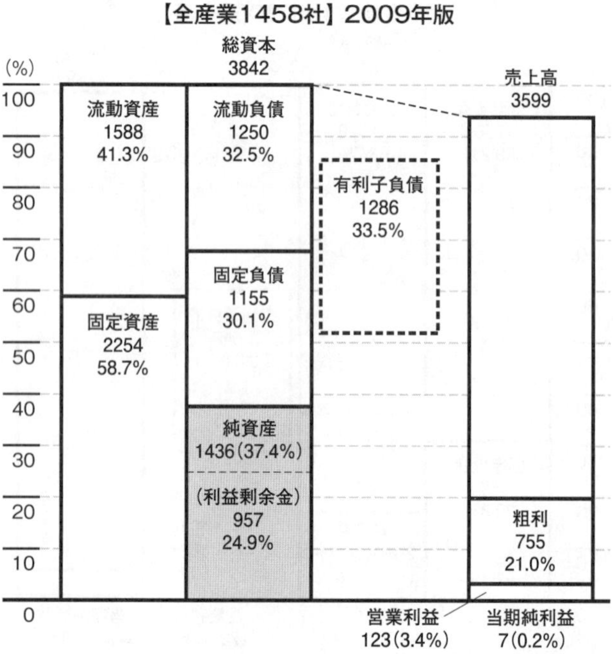

【全産業1458社】2009年版
総資本
3842
(%)
100
90
80
70
60
50
40
30
20
10
0
流動資産
1588
41.3%
固定資産
2254
58.7%
流動負債
1250
32.5%
固定負債
1155
30.1%
純資産
1436（37.4%）
（利益剰余金）
957
24.9%
有利子負債
1286
33.5%
売上高
3599
粗利
755
21.0%
営業利益
123（3.4%）
当期純利益
7（0.2%）

ROE	0.5%	ROE（2）	0.5%
レバレッジ比率	89.5%		
総資本回転率	0.94		
当期純利益率	0.2%		

業界*Watch!*

日本の上場企業1458社の平均的なPLとBSです。自己資本比率が約37％で、自己資本とほぼ同額の有利子負債を抱えています。総資本回転率が0.94、粗利率が21％、当期純利益率は0.2％です。

業界トップと業界4位の違いとは？

業界に横串を入れて、PLとBSの大きさや形状の違いについてこれまで説明してきましたが、多くの業界に共通することもあります。それは、売上高が業界トップの企業と業界4位の企業のPLとBSの違いです。

次ページからの図135～図137を見てください。業界トップと業界4位を比較して一般的に言えることは、業界トップは利益剰余金が多く、有利子負債が少なく、利益率が高いということです。ここでは医薬品業界、民生用電気機器業界、繊維業界だけを比較してみましたが、その他の多くの業界でも同じような特徴があります。もちろん、全ての業界でそう言えるわけではなく、第3章で説明したように売上高が業界3位や4位の企業であっても業界トップの企業より良好な財務体質の企業もあります。

図135～図137までは、企業ごとにPLとBSの形状だけを比較します。企業間では同一縮尺ではありませんので注意してください。形状だけを比較していただければ業界トップと業界4位の傾向がつかめると思います。

【エーザイ】2009年3月期

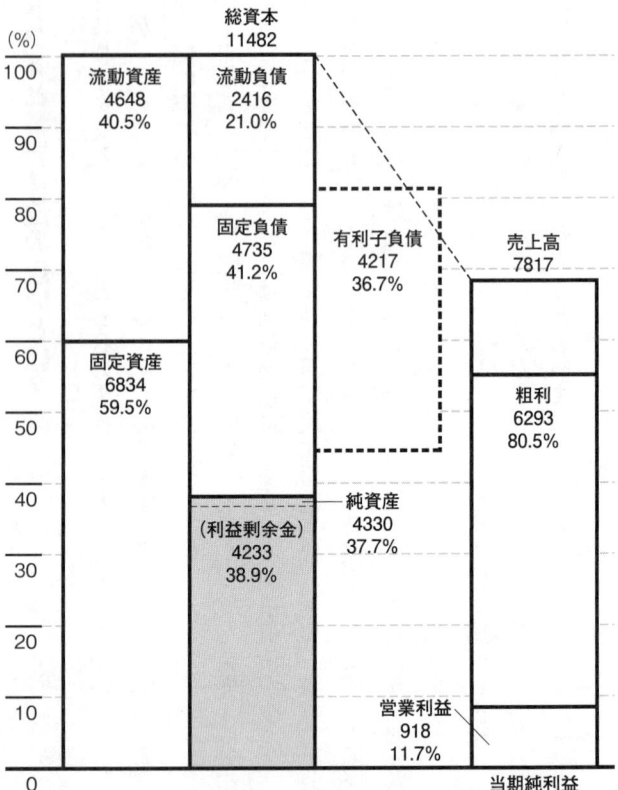

流動資産	総資本 11482		
4648 40.5%	流動負債 2416 21.0%		
	固定負債 4735 41.2%	有利子負債 4217 36.7%	売上高 7817
固定資産 6834 59.5%			粗利 6293 80.5%
	(利益剰余金) 4233 38.9%	純資産 4330 37.7%	
		営業利益 918 11.7%	
			当期純利益 477 (6.1%)

ROE	11.0%	ROE (2)	11.1%
レバレッジ比率	97.4%	レバレッジ比率 (2)	90.4%
総資本回転率	0.68		
当期純利益率	6.1%		

第4章 業界に横串を入れて比較する

図135　医薬品業界の1位と4位（単位:億円）

【武田薬品】2009年3月期

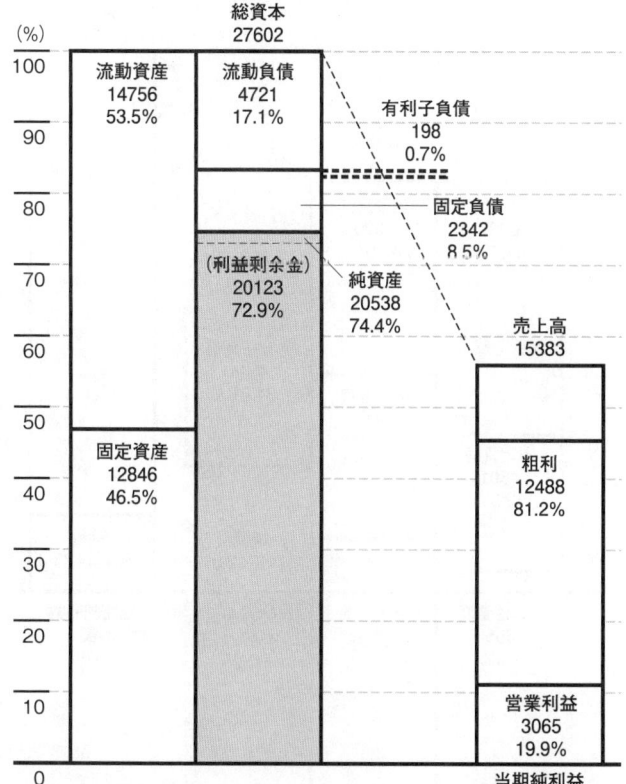

- 総資本 27602
- 流動資産 14756 53.5%
- 流動負債 4721 17.1%
- 有利子負債 198 0.7%
- 固定負債 2342 8.5%
- （利益剰余金）20123 72.9%
- 純資産 20538 74.4%
- 売上高 15383
- 固定資産 12846 46.5%
- 粗利 12488 81.2%
- 営業利益 3065 19.9%
- 当期純利益 2344（15.2%）

ROE	11.4%	ROE（2）	11.7%
レバレッジ比率	1.0%	レバレッジ比率（2）	0.8%
総資本回転率	0.56		
当期純利益率	15.2%		

【三洋電機】2009年3月期

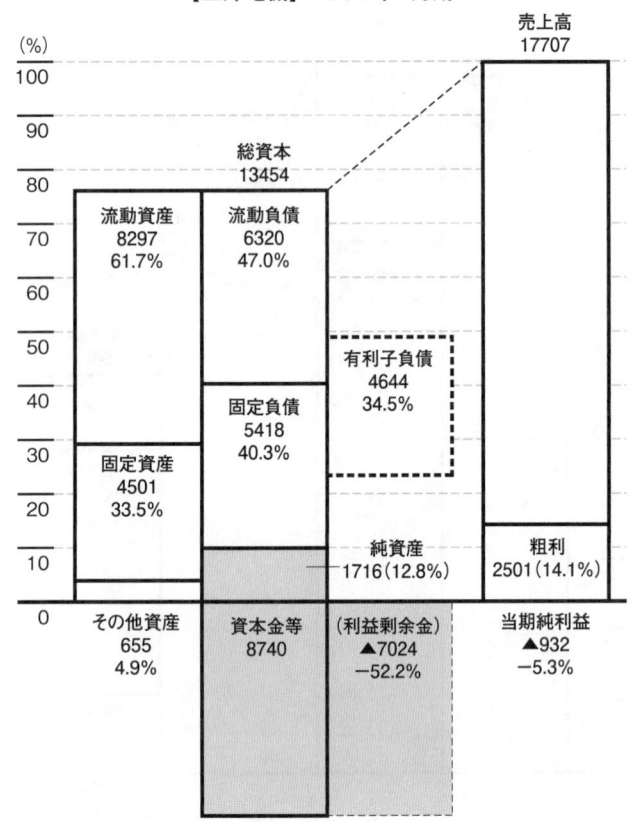

		売上高 17707
流動資産 8297 61.7%	流動負債 6320 47.0% 総資本 13454	
	固定負債 5418 40.3%	有利子負債 4644 34.5%
固定資産 4501 33.5%		
		粗利 2501 (14.1%)
	純資産 1716 (12.8%)	
その他資産 655 4.9%	資本金等 8740 (利益剰余金) ▲7024 −52.2%	当期純利益 ▲932 −5.3%

ROE	−54.3%	ROE(2)	−63.7%
レバレッジ比率	270.6%	レバレッジ比率(2)	278.0%
総資本回転率	1.3		
当期純利益率	−5.3%		

第4章　業界に横串を入れて比較する

図136　民生用電気機器業界の1位と4位（単位:億円）
【パナソニック】2009年3月期

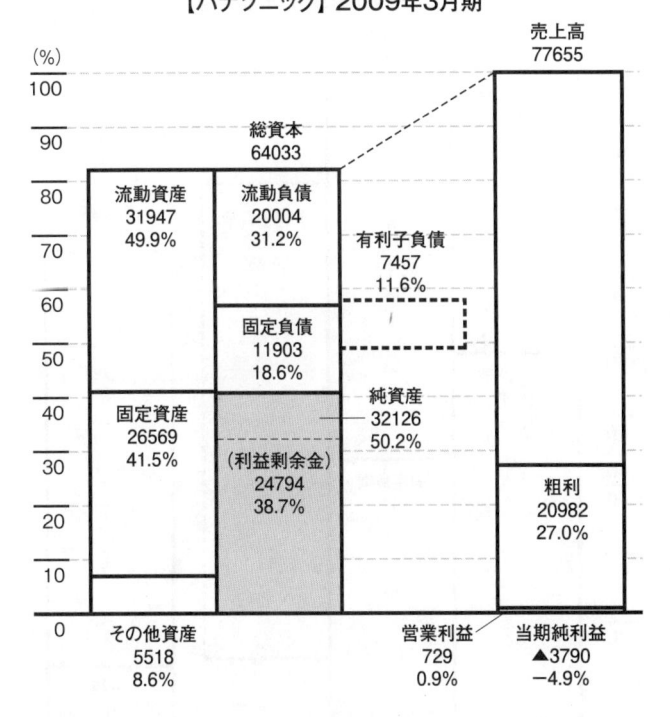

(%)

- 売上高 77655
- 総資本 64033
- 流動資産 31947　49.9%
- 流動負債 20004　31.2%
- 有利子負債 7457　11.6%
- 固定負債 11903　18.6%
- 純資産 32126　50.2%
- 固定資産 26569　41.5%
- （利益剰余金）24794　38.7%
- 粗利 20982　27.0%
- その他資産 5518　8.6%
- 営業利益 729　0.9%
- 当期純利益 ▲3790　−4.9%

ROE	−11.8%	ROE(2)	−13.6%
レバレッジ比率	23.2%	レバレッジ比率(2)	23.4%
総資本回転率	1.2		
当期純利益率	−4.9%		

229

【ユニチカ】2009年3月期

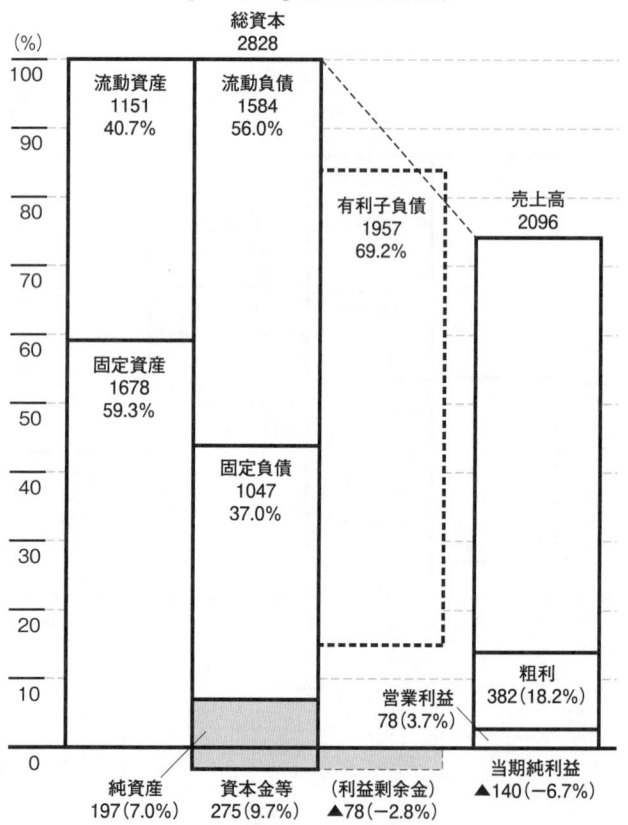

(%)

- 総資本 2828
- 流動資産 1151 40.7%
- 流動負債 1584 56.0%
- 有利子負債 1957 69.2%
- 売上高 2096
- 固定資産 1678 59.3%
- 固定負債 1047 37.0%
- 粗利 382(18.2%)
- 営業利益 78(3.7%)
- 純資産 197(7.0%)
- 資本金等 275(9.7%)
- (利益剰余金) ▲78(−2.8%)
- 当期純利益 ▲140(−6.7%)

ROE	−70.8%	ROE(2)	−86.8%
レバレッジ比率	990.9%	レバレッジ比率(2)	712.9%
総資本回転率	0.74		
当期純利益率	−6.7%		

第4章 業界に横串を入れて比較する

図137 繊維業界の1位と4位(単位:億円)

【東レ】2009年3月期

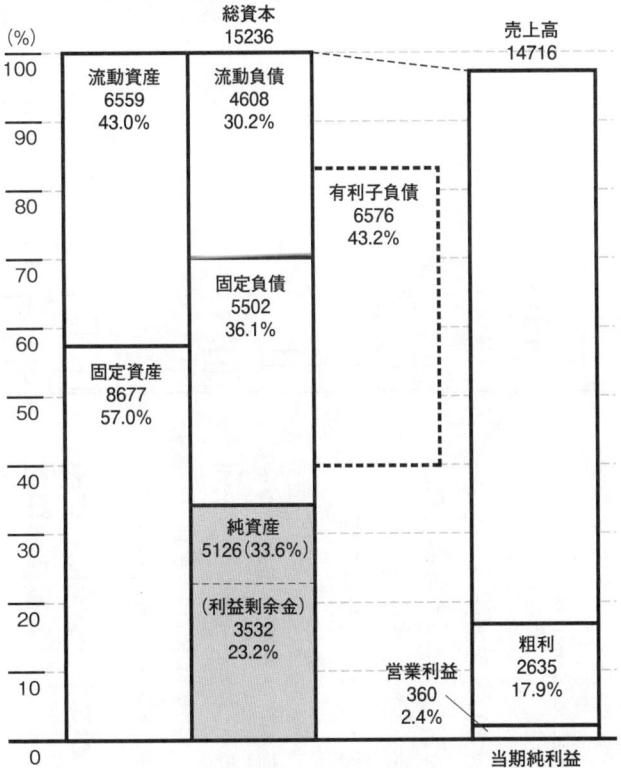

総資本 15236

- 流動資産 6559 43.0%
- 固定資産 8677 57.0%
- 流動負債 4608 30.2%
- 固定負債 5502 36.1%
- 純資産 5126(33.6%)
- (利益剰余金) 3532 23.2%
- 有利子負債 6576 43.2%

売上高 14716
- 粗利 2635 17.9%
- 営業利益 360 2.4%
- 当期純利益 ▲163(−1.1%)

ROE	−3.2%	ROE(2)	−3.5%
レバレッジ比率	128.3%	レバレッジ比率(2)	108.7%
総資本回転率	0.97		
当期純利益率	−1.1%		

| パナソニック | セブン&アイ |
| | 2009年2月期 |

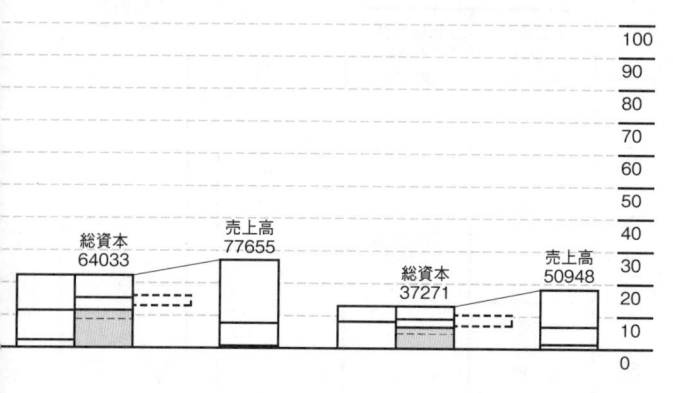

グラフ：
- パナソニック：総資本 64033、売上高 77655
- セブン&アイ：総資本 37271、売上高 50948

視野を他業界へ、そして世界へと拡げる

第3章で採り上げた業界及び企業数は16業種56社に過ぎません。『産業別財務データハンドブック』では、1458社が107業種に分類され業種ごとにデータが整理されています。

今回採り上げなかった別の企業と比較するとまた新たな発見があります。例えば、自動車業界のトヨタの図を入れると、業界トップを売上高順で比較した200〜201ページの図110は上の図のようにまったく違った様相になります。トヨタ自動車という会社の規模がいかに大きいかということがご理解

第4章 業界に横串を入れて比較する

図138 トヨタが入ると図が変わる（単位:億円）2009年3月期

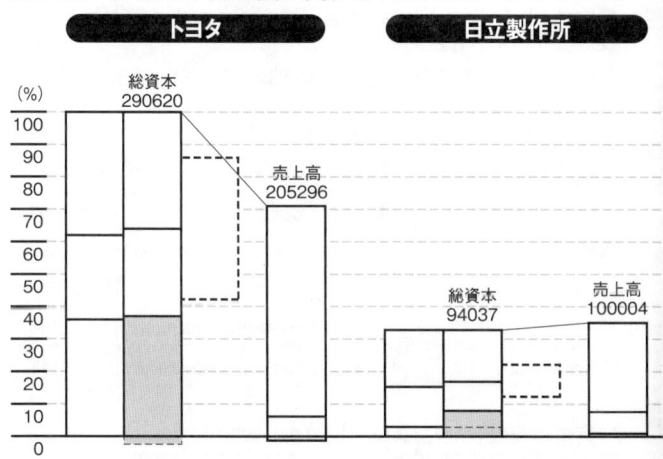

トヨタ / **日立製作所**

トヨタ 総資本 290620 / 売上高 205296
日立製作所 総資本 94037 / 売上高 100004

いただけると思います。

また、『産業別財務データハンドブック』で集計されている企業は日本の企業だけですが、世界に目を向けると業界の姿は激変します。例えば、医薬品業界にはファイザー、グラクソ・スミスクラインといった巨大企業があります。

次ページの図139はファイザーの財務諸表の抜粋とその日本語訳です。

外国の財務諸表と日本の財務諸表などに多少の差はありますが基本的な構造に大きな違いはありません。ちなみにファイザーの連結財務諸表は次のURLからダウンロードできます。サイトに表示される資料の47ページからが財務諸表です。

図139
Consolidated Financial Statement of Pfizer
(December 31, 2008)

ファイザーの連結財務諸表(2008年12月期) 為替レート:90円/$

◎Balance Sheet (millions $)

Assets		Liability and Equity	
Current assets	43,076	Current liabilities	27,009
Noncurrent assets	68,072	Noncurrent liabilities	26,399
		Equity	57,740
		(Retained earnings)	49,142
Total assets	111,148	Total liabilities and equity	111,148

◎貸借対照表(バランスシート) (単位:億円)

資産		負債と純資産	
流動資産	38,768	流動負債	24,308
固定資産	61,265	固定負債	23,759
		純資産	51,966
		(利益剰余金)	44,228
資産合計	100,033	負債及び純資産合計	100,033

◎Income Statement
(millions $)

Sales revenue	48,296
Cost of seles	8,112
Gross profit	40,184
Income from continuing operaions before tax	9,694
Net Income	8,104

◎損益計算書
(単位:億円)

売上高	43,466
売上原価	7,301
売上総利益(粗利)	36,166
営業利益	8,725
当期純利益	7,294

第4章 業界に横串を入れて比較する

http://media.pfizer.com/files/annualreport/2008/financial/financial2008.pdf

ただし、外国のPLには経常利益の概念がなく、粗利や営業利益もGross Profitとか Operating Profitと明記されてないものもあります。今回のファイザーの財務諸表では、Gross Profit（粗利）はRevenues（売上高）からCost of sales（売上原価）を差し引いて計算しています。また、Operating Profit（営業利益）にはIncome from continuing operations before provision for taxes on income, and minority interestsという項目の数字を使っています。

また、鉄鋼業界においては第3章でも少し触れましたがアルセロール・ミッタルという会社があります。この会社の財務諸表も次のURLからダウンロードできます。サイトに表示される資料の155ページの後のF-5というページからが財務諸表です。

http://www.arcelormittal.com/rls/data/upl/479-3-1-200820F.pdf

これら外国の巨大企業を加えて比較すると医薬品業界は次ページの図140、鉄鋼業界は図141のようになります。海外の巨大企業に比べて日本の企業がいかに小さい規模であるかがわかります。

2009年3月期

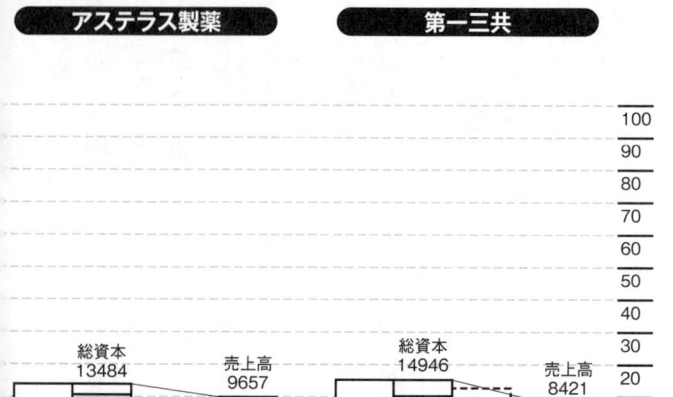

アステラス製薬　　**第一三共**

総資本　　　売上高　　　　総資本　　　売上高
13484　　　9657　　　　14946　　　8421

2009年3月期

JFE　　**神戸製鋼**

総資本　　　　売上高　　　　総資本　　　売上高
43289　　　　39083　　　　22955　　　21773

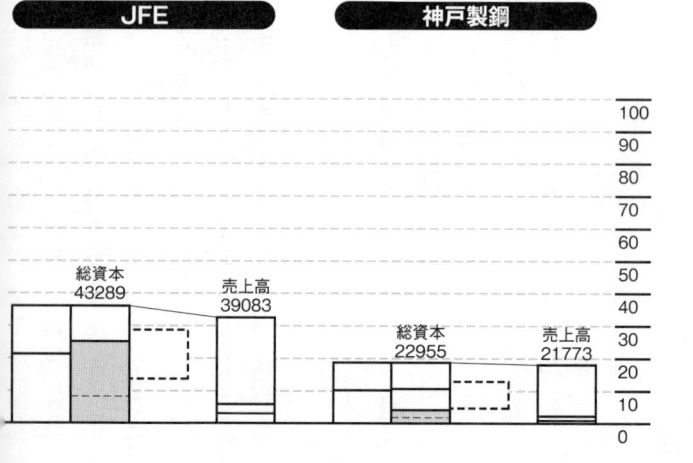

第4章 業界に横串を入れて比較する

図140 医薬品業界をグローバルに見ると図が変わる（単位：億円）

ファイザー
2008年12月期

総資本 100033
売上高 43466

武田薬品工業

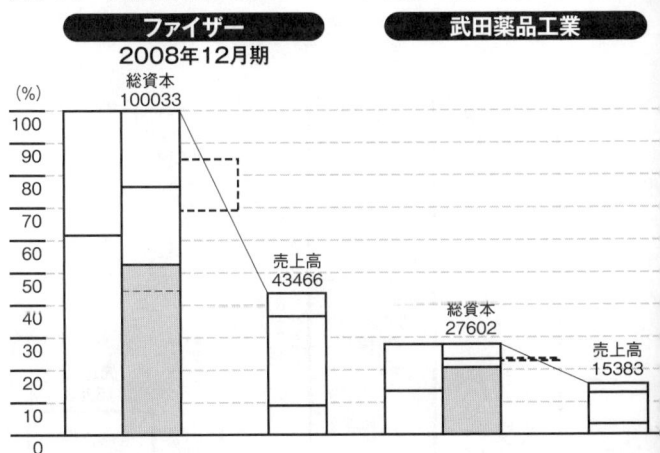

総資本 27602
売上高 15383

図141 鉄鋼業界をグローバルに見ると図が変わる（単位：億円）

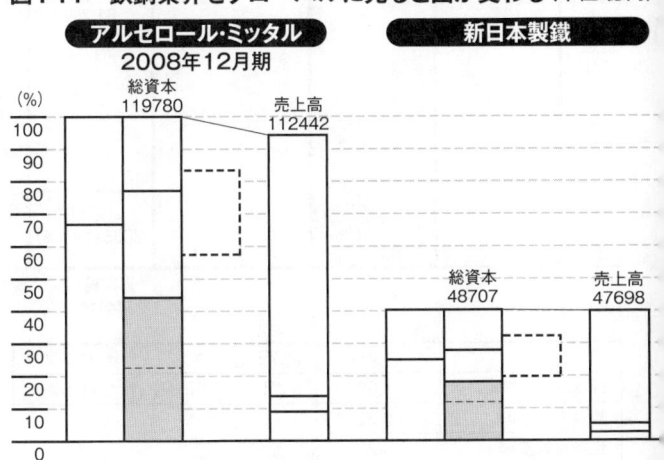

アルセロール・ミッタル
2008年12月期

総資本 119780
売上高 112442

新日本製鐵

総資本 48707
売上高 47698

【武田薬品工業】2009年3月期

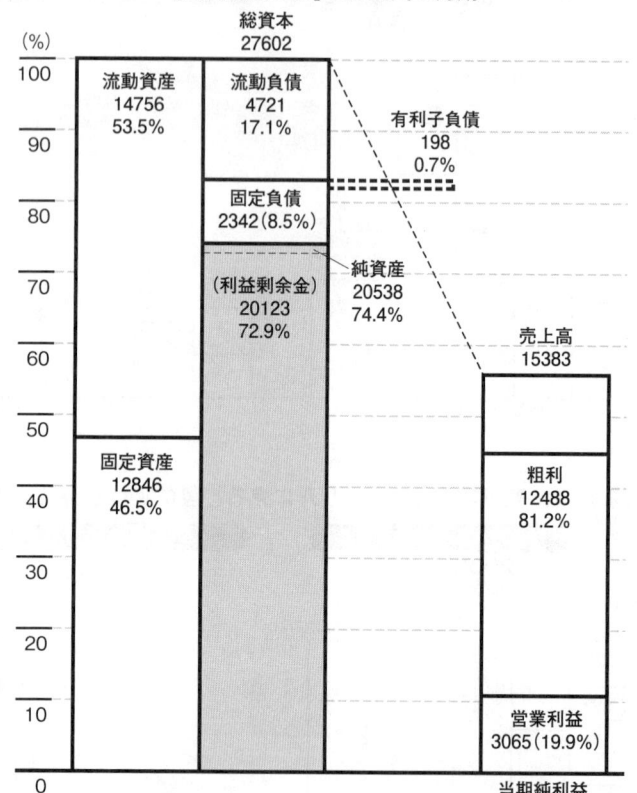

総資本 27602

- 流動資産 14756 53.5%
- 流動負債 4721 17.1%
- 有利子負債 198 0.7%
- 固定負債 2342(8.5%)
- (利益剰余金) 20123 72.9%
- 純資産 20538 74.4%
- 固定資産 12846 46.5%
- 売上高 15383
- 粗利 12488 81.2%
- 営業利益 3065(19.9%)
- 当期純利益 2344(15.2%)

ROE	11.4%	ROE(2)	11.7%
レバレッジ比率	1.0%	レバレッジ比率(2)	0.8%
総資本回転率	0.56		
当期純利益率	15.2%		

第4章 業界に横串を入れて比較する

図142 ファイザーと武田薬品の比較（単位:億円）

【ファイザー】2008年12月期

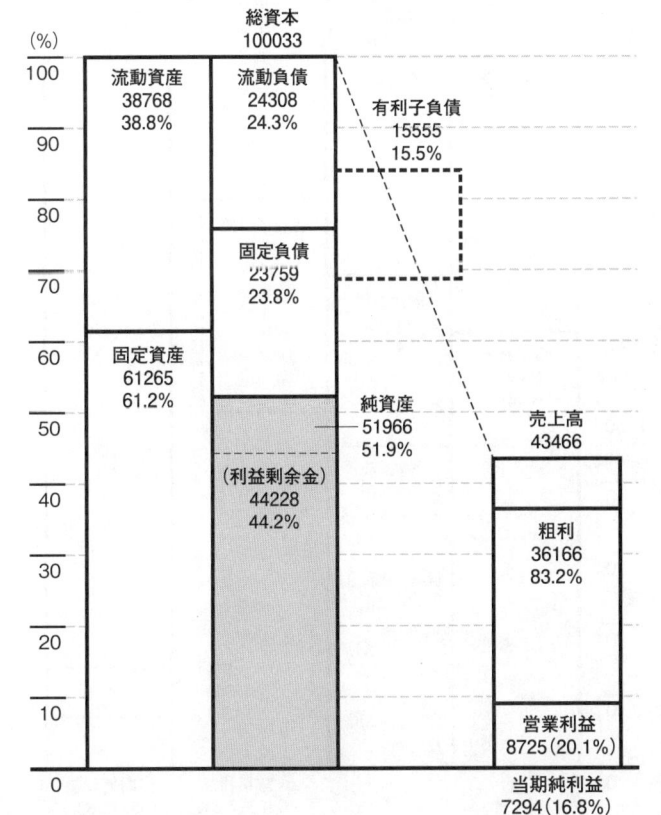

(%)

- 総資本 100033
- 流動資産 38768 38.8%
- 流動負債 24308 24.3%
- 有利子負債 15555 15.5%
- 固定負債 23759 23.8%
- 固定資産 61265 61.2%
- 純資産 51966 51.9%
- （利益剰余金）44228 44.2%
- 売上高 43466
- 粗利 36166 83.2%
- 営業利益 8725（20.1%）
- 当期純利益 7294（16.8%）

ROE	14.0%	ROE（2）	14.1%
レバレッジ比率	29.9%		
総資本回転率	0.43		
当期純利益率	16.8%		

239

【新日本製鐵】2009年3月期

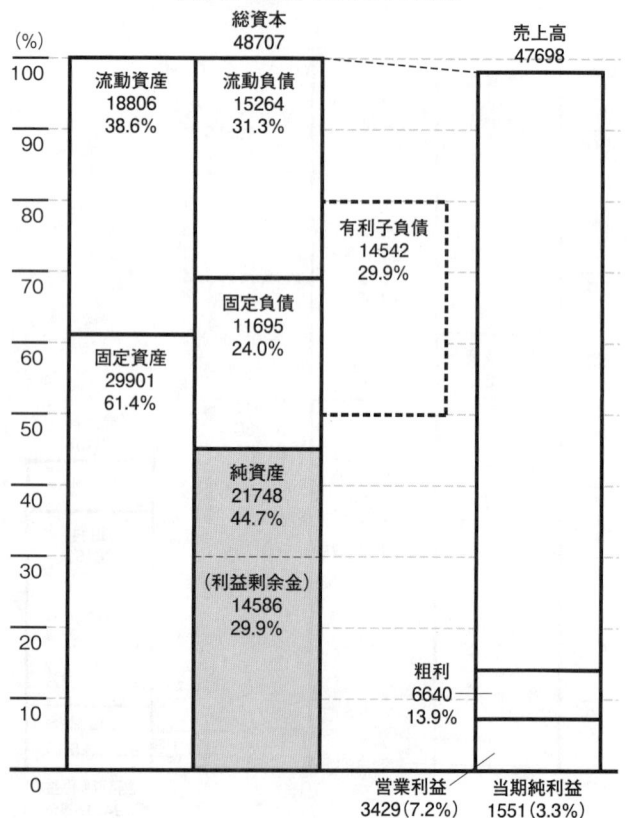

	総資本 48707		売上高 47698
流動資産 18806 38.6%	流動負債 15264 31.3%		
	固定負債 11695 24.0%	有利子負債 14542 29.9%	
固定資産 29901 61.4%	純資産 21748 44.7% (利益剰余金) 14586 29.9%		粗利 6640 13.9%

営業利益 3429(7.2%)　当期純利益 1551(3.3%)

ROE	7.1%	ROE(2)	9.3%
レバレッジ比率	66.9%	レバレッジ比率(2)	57.7%
総資本回転率	0.98		
当期純利益率	3.3%		

第4章　業界に横串を入れて比較する

図143　アルセロール・ミッタルと新日本製鐵の比較 (単位:億円)

【アルセロール・ミッタル】2008年12月期

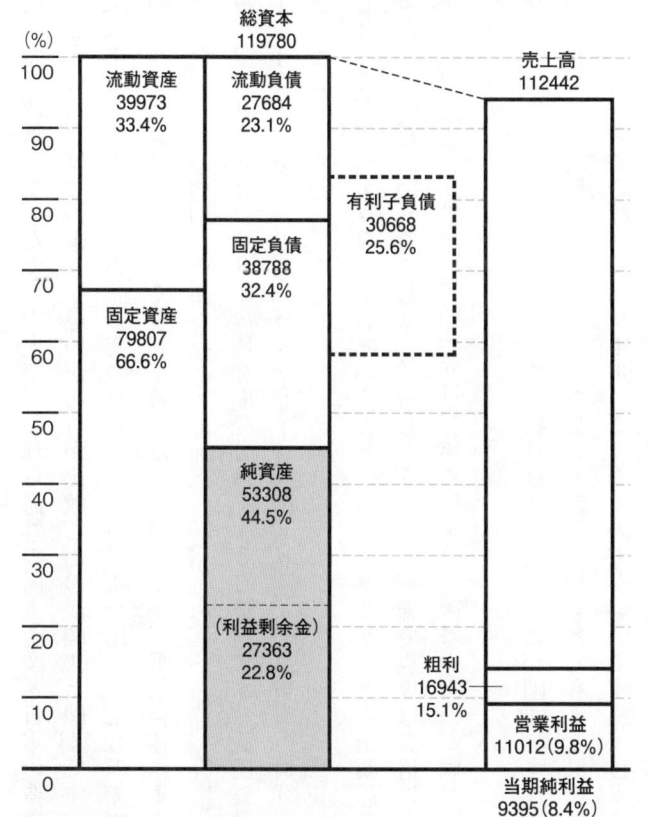

	金額	比率
総資本	119780	
流動資産	39973	33.4%
固定資産	79807	66.6%
流動負債	27684	23.1%
固定負債	38788	32.4%
有利子負債	30668	25.6%
純資産	53308	44.5%
(利益剰余金)	27363	22.8%
売上高	112442	
粗利	16943	15.1%
営業利益	11012	9.8%
当期純利益	9395	8.4%

ROE	17.6%	ROE(2)	18.9%
レバレッジ比率	57.5%		
総資本回転率	0.94		
当期純利益率	8.4%		

241

規模の差を認識していただいた上で、これら海外の巨大企業と日本の業界トップ企業PLとBSの形状にどのような違いがあるか比較したのが図142と図143です。

図142はファイザーと武田薬品工業のPLとBSの形状を比較したものです。武田薬品工業のほうが利益剰余金が多く有利子負債は少ないですが、形状自体はよく似ています。どちらの会社も比較的利益剰余金が多く有利子負債が少なく、粗利が高いといえます。

ちなみにフィザーの2008年の研究開発費は7150億円です。武田薬品の研究開発費は4530億円でしたから、ファイザーは武田薬品の1・6倍もの研究開発費を使っていることになります。

PLとBSが似たような形をしていることから、ファイザーと武田薬品の経営実態は同じようなものだといえるでしょう。同じような経営実態で規模は3倍以上、研究開発費が1・6倍です。日本の医薬品業界は今後どのように海外の企業と戦っていけばよいのでしょうか。

鉄鋼業界のアルセロール・ミッタルと新日鐵を比較したのが図143です。これもPLとBSの形状だけを比較しています。この2つの鉄鋼会社もとてもよく似た形状をしています。ただし、利益率はアルセロール・ミッタルの方がいいですね。日本の鉄鋼業界の

第4章　業界に横串を入れて比較する

利益率は他の業界と比較しても高めでしたから、アルセロール・ミッタルの利益率がいかに高いかがわかります。そしてこちらも規模が2倍以上です。日本の鉄鋼会社は今後、どのような成長戦略を描くのでしょうか。

何も全ての企業が成長戦略を作る必要はないかもしれません。しかし、従業員にとっても取引先にとっても株主にとっても、企業の成長がなければ希望が持てません。企業の従業員の方も想像してみてください。毎年、あなたの会社の新入社員の数が少なくなり、従業員数が減り、次第に小さくなっていく会社の姿を。企業は生き物であり、ある意味、企業には成長が義務付けられているという面があります。

日本の人口は減り続けます。そして、グローバル化はさらに加速していくでしょう。今後、日本の企業が海外の企業との戦いを強いられるのは間違いありません。皆さんもグローバルな視野をもって成長戦略を描いてみてください。そして、グローバルな視点で財務諸表を分析してみてください。

おわりに

最後までお読みいただきありがとうございました。いかがでしたか。財務諸表をベースに企業の実態と業界内の構図が見えてきましたでしょうか。

私は読者の皆さんに財務データをベースにした業界の構図を把握していただくために本書を書きました。企業にとって売上高や市場シェアは大切なものかもしれませんが、それらが企業の価値を決める時代ではなくなりました。いくら規模が大きくても、利益を出せない企業は株式市場では価値がありません。しかし、いまでも多くの人が業界の構図を売上高や市場シェアで見ようとします。

また、本書を執筆して一番強く感じたことは、日本の企業はどの業界においても国内市場だけでは成長戦略を描くのが難しいということです。好むと好まざるにかかわらずこれからはグローバルな視点を持つ必要があるでしょう。逆に言えば、グローバルな視点を持たない企業は生き残ることさえ難しくなっていくということです。

私はサラリーマン時代にほぼ一貫して海外の人達とビジネスをしてきました。その時

おわりに

感じたことの一つが日本人の財務知識の貧弱さでした。「武士は食わねど高楊枝」といったお金に執着しない日本人の高潔な人間性は誇るべき点でしょうが、財務諸表が読めない人がグローバルなビジネス社会で戦っていけるでしょうか。

しかし、海外のエリート層は大卒一律採用で、部長になるまでPLにしか責任を持ちません。日本のビジネスマンは入社時点から経営者予備軍として採用され、若いうちから子会社の経営を任され、PLとBSとCSに責任を持ちながら育っていきます。将来の経営陣の育成という観点からはこの差を見過ごすことはできないでしょう。

PLしか読めない人はPLの範囲で仕事を見ます。しかし、ビジネスで大切なのは、「売上」と「利益」だけでなく「投資」と「リターン」です。事業の全体像を常に意識しながら高い視点で仕事をすることはビジネスマンにとって大切なことだと思います。それこそがまさに経営者視点で仕事をするということです。

昨今、日本の総合商社の多くは従業員に財務会計の勉強を義務付けています。総合商社は「投資」と「リターン」を意識し、事業家の視点でビジネスを行っています。将来、日本の商社軍団からは経営的視点を持った優秀な人材が多数輩出されることでしょう。

私は日本のビジネスマンに財務知識を身につけてもらいたいと思っています。もちろ

ん、財務知識があったからといって目の前の仕事の成果が上がるわけではありません。むしろ、目の前の仕事には何の影響もないでしょう。しかし、財務知識を持っているビジネスマンとそうでないビジネスマンでは将来大きな差がつくと思います。

本書を読んだからといって充分な財務知識が習得できるわけではないかもしれません。本書の中でも突っこんだ財務分析ができているわけではありません。ただ、本書を読むことでまずは財務諸表へのアレルギーをなくしてもらいたいと思いました。

財務諸表は難しいものではありません。財務諸表に書いてあるのは企業の基本活動である【お金を集める】→【投資する】→【利益をあげる】という3つのことだけです。そして、世界的にいっても財務諸表は基本的に同じルールで作られています。

本書が読者の皆さんの会計アレルギーを軽減し、財務諸表に興味を持つ契機となれば著者としてこれに勝る喜びはありません。

なお、本書のPLとBSの原図を作成した『財務3表一体分析法ソフト「図解の達人」』(朝日新聞出版)の試用版ソフトが次のURLからダウンロードできます。興味のある方は是非使ってみてください。

http://bonavita.dazoo.ne.jp/trial/

本書の執筆にあたりましては、データ整理でメディアエンジニアリングの桂木行人氏と武井篤氏に、また本文及び図表デザインで木村デザイン室の木村祐一氏に大変お世話になりました。本書の執筆の機会を与えてくださったKKベストセラーズの小野典子氏には大変感謝しております。この場を借りて関係の皆様に心より御礼申し上げます。

2010年2月

國貞克則

参照図書

日本政策投資銀行設備投資研究所編集『2009年版 産業別財務データハンドブック』財団法人日本経済研究所、2009年
『会社四季報2009年4集』東洋経済新報社、2009年
『会社四季報業界地図2010年版』東洋経済新報社、2009年
稲森和夫『稲森和夫の実学─経営と会計』日経ビジネス人文庫、2000年
デイビッド・メッキン著、國貞克則訳『財務マネジメントの基本と原則』東洋経済新報社、2008年
國貞克則『財務3表一体分析法─「経営」がわかる決算書の読み方』朝日新書、2009年
國貞克則『決算書がスラスラわかる財務3表一体理解法』朝日新書、2007年

國貞克則 (くにさだかつのり)

一九六一年生まれ。八三年東北大学工学部卒業後、神戸製鋼所入社。海外プラント輸出、人事などを経て、九六年米国ピーター・ドラッカー経営大学院でMBA取得。〇一年にボナ・ヴィータ コーポレーションを設立して独立。経営コンサルタントとして中小企業の経営指導や大手企業の管理職教育にあたる。訳書に『財務マネジメントの基本と原則』(東洋経済新報社)、著書にベストセラー快走中の『財務3表一体理解法』『財務3表一体分析法』(朝日新書)他がある。

決算書でよむ企業と業界力

ベスト新書 270

二〇一〇年三月一九日 初版第一刷発行
二〇一〇年三月二五日 初版第二刷発行

著者◎國貞克則

発行者◎栗原幹夫
発行所◎KKベストセラーズ
東京都豊島区南大塚二丁目二九番七号 〒170-8457
電話 03-5976-9121(代) 振替 00180-6-103083

装丁フォーマット◎坂川事務所
印刷所◎錦明印刷
製本所◎ナショナル製本
本文・帯デザイン◎木村デザイン室 木村祐一

©Katsunori Kunisada 2010, Printed in Japan
ISBN978-4-584-12270-9 C0233

定価はカバーに表示してあります。乱丁、落丁本がございましたらお取替えいたします。
本書の内容の一部あるいは全部を複製、複写(コピー)することは法律で定められた場合を除き、著作権および出版権の侵害になりますので、その場合はあらかじめ小社宛に許諾を求めてください。